日経文庫
NIKKEI BUNKO

インパクト投資入門

須藤奈応

日本経済新聞出版

はじめに

「インパクト投資」という言葉を様々な報道で目にすることが多くなりました。「地球や社会に良さそうだけど、一体何のことだろう?」「今までのESGやCSRと何が違うのだろう?」と疑問に思う方が多くいらっしゃるのではないしょうか。本書はそのような疑問にお答えする、インパクト投資の入門書です。金融機関や事業会社の方などからよく聞かれる質問などをもとにまとめ、これだけ知っていれば恥ずかしくない、インパクト投資のエッセンスを詰め込みました。

本書の特徴は3つあります。1つ目は、国内の状況に触れてはいるものの、欧米のインパクト投資の状況を中心に説明している点です。法制度や歴史が異なる欧米の取組みをそのまま国内に当てはめることはできませんが、日本なりの工夫を考えるにあたって参考になると思われるためです。2つ目の特徴は、事例をふんだんに紹介している点です。言葉の定義や基本的な概念についても紹介していますが、より具体的なイメージを持っていただけるようにインパクト投資家やインパクト投資を受けている企業など、社名と活動の説明をたくさん入れてあります。3つ目の特徴は、投資する側の話に加え、投資を受ける側、すなわち事業会社の観点も大事にしていることです。企業が事業活動をしていくうえで環境や社会の課題の解決を避けては通れない時代になっているためです。事業会社の経営企画や新規事業開発にあたる方、あるいは起業される方などにも参考になるように構成しています。

本書では、インパクト投資について皆さんに知っていただきたい7つのテーマを取り上げました。

第1章　インパクト投資とは何か　一般に、株式購入など金融投資の主たる目的は、投資先から得られる配当、株価の上昇などを通じて、金銭的なリターンを得ることです。一方、インパクト投資は、金銭的リターンを目指すことは一般的な投資と変わらないのですが、それに加えて環境的・社会的課題を解決するということも投資の目的に据えられています。環境的・社会的課題を解決することは、地球や社会に対して「インパクトがある」と英語で表現されるため、インパクトを生み出す投資として、「インパクト投資」と言われています。本章では、どのような投資をインパクト投資というかなど、グローバルな定義を紹介します。また、インパクト投資とESG投資やSDGs（Sustainable Development Goals、持続可能な開発目標）、CSR（Corporate Social Responsibility、企業の社会的責任）との関わりについても触れます。

第2章　インパクト投資の市場規模は？　リターンを生み出しているのか　「インパクト投資ってニッチな投資ですよね？」や「インパクト投資って寄付の延長線上のようなものなので、金銭的リターンは大して出ないんですよね？」といった質問を様々な方より頻繁に受けます。読者の中にも少なからずこのように考えている方がいるのではないでしょうか。本章では、国内外の統計結果を紹介しながらご質問にお答えしていきます。

第3章　インパクト投資がなぜ今、本格化しているのか　インパクト投資は、もともと世界銀行など国際開発金融機関や富裕層などによって取り組まれてきた領域ですが、最近になって民間の金融機関や事業会社が参入するようになるなど、本格化してきています。本章では、なぜこのような傾向にあるのか、3つの理由を紹介します。

第4章　どのようにしてインパクト測定・マネジメントが行われているのか　インパクト投資は、金銭的リターンと社会的リターンを並行して追求する投資なので、金銭的リターンの測定と同様に、社会的リターンも測定する必要があります。社会的リターンの測定のやり方は無数にあるのですが、本章では、私が今まで国内外のインパクト投資家から聞いてきた内容をもとに、共通言語となっていると思われる内容を紹介します。

第5章　どのような投資家がどのように課題解決に貢献しているのか　本章では、どのようなインパクト投資家がいるのか、具体的に紹介します。インパクト投資家の中にも、金銭的リターンをより重視する投資家と、社会的リターンをより重視する投資家がいます。それぞれについて、具体的な事例を取り上げながら考えていきます。さらに、インパクト投資家の重要な役割として、出資や融資をすることに加えて、インパクト創出に貢献をしなければならないという考え方があります。投資家がどのようにして貢献をしていくのか、最新のレポートを参考にしながら紹介します。

第6章　どのようなインパクト企業があるのか　インパクト投資は、ビジネスを通じて環境的・社会的課題を解決している会社に投資します。本章では、実際にどういう会社がインパクト投資を受けているのか、その会社はどのような課題をどのように解決しているのかについて紹介します。

第7章　インパクト企業にとっての企業の成長の形とは？　最後の章では、インパクト企業の企業としての成長の形を考えていきます。具体的には、一般的なスタートアップと同様に新規上場やM&Aを目指すケースと、超長期の視点を持って安定的にビジネスを成長させていくケースがあります。後者についてはグローバルでこのような形の企業を後押しする動きがあり、その内容を紹介します。

「環境的・社会的課題の解決をサステナブルにビジネスとして継続していくためには、どういう課題があり、どのような解決策があるのか」をテーマに私は10年近く、調査研究をしてきました。今まで従事してきた国内外の調査内容をもとに、現在最もよく聞く解釈をお伝えしたいと思います。この業界は過渡期であり、今後大きく変わる可能性があるため、本書の一部も遠からず時代遅れになる可能性がありますが、業界慣行や制度が変わっても、インパクト投資の根底となる考え方は揺らぐものではないと思います。本書を通じてインパクト投資の基本的な考え方をお伝えできればと思っています。最後に、本書は個人的な見解を示すものであり、所属する組織の公式な見解ではないことを申し添えます。

インパクト投資入門　目次

第4章　どのようにしてインパクト測定・マネジメントが行われているのか　93

第1章

インパクト投資とは何か

インパクト投資という言葉の定義を様々な機関が公表していますが、その中でも最もよく依拠されるのは、グローバル・インパクト・インベスティング・ネットワーク[1]（以下、GIIN）によるものです。GIINは、インパクト投資業界で中心的な役割を果たしている、グローバルな業界団体のうちの1つです。本書もGIINによる次の定義に則って議論を展開していきます。

インパクト投資の定義

「インパクト投資とは、金銭的なリターンと並行して、ポジティブで測定可能な社会的・環境的インパクトを生み出すことを意図して行われる投資」をいう。[2,3]（GIIN）

なお、インパクト投資には様々な手法があります。GIINによれば、デット（融資や社債等の返済義務のあるもの）、株式（返済義務のない非上場株及び上場株）、現物資産などによるものが含まれています。本書では主に株式を念頭に書いていきますが、株式以外のインパクト投資にも応用できる、根底となる考え方を紹介します。

1　インパクト投資の3要素

インパクト投資の定義の中で、重要な点は、次の3点です。この3点セットが揃っていない投資は、インパクト投資とはいいません。

(1) 投資家が「金銭的リターン」を追求すること
(2) 投資家にポジティブな社会的・環境的インパクトを創出する「意図」があること
(3) 「インパクトの測定・報告」をすること

それぞれについて、詳しく見ていきます。

(1) 投資家が「金銭的リターン」を追求すること

世界は、様々な環境的、社会的課題に直面しています。SDGsに代表されるように、気候変動や貧困、日本においては地方創生や少子高齢化問題など、課題が山積みです。こういった問題は、政府や非営利組織が解決するべきものと捉えられがちですが、政府の予算では到底賄いきれない膨大な資金が必要であるため、民間資金の活用が不可欠であるといわれています。国連の調査によると、SDGsで掲げられている諸問題を解決するには、2030年までに年間2・5兆ドルの投資が必要と推計されています。[4]

民間資金が投入されるには、そのお金の出し手である民間企業や個人に対して何かしらのリターンを設計し、継続するモチベーションが必要です。「良いことをした」「貢献した」という満足感だけでは、継続的に投資をすることは難しく、お金といった形でのリターンが必要です。読者のみなさんも社会に良いことをしたということだけでなく、手元にお金が戻ってきたり、増えたりしたら、嬉しくなり、もっと投資してみようと思いませんか。インパクト投資は、金銭的リターンのみを求める伝統的な投資ではなく、社会的に良いことに対して無償で資金を提供する寄付でもありません。このような理由から、インパクト投資は、金銭的なリターンを追求します。

インパクト投資を、「金銭的リターンと環境的・社会的インパクトを並行して追求する投資」と説明しましたが、全ての投資家が金銭的リターンと環境的・社会的インパクトの創出を同程度に追求するということではありません。どちらをより重視する戦略かは、投資家により異なります。金銭的なリターンをより重視する投資家もいれば、環境的・社会的インパクトの創出をより重視する投資家もいます。

戦略の違いは、どちらが良くてどちらが悪いといったことではなく、マーケット発展のためには双方必要といわれています。詳細については第5章で紹介します。

(2) 投資家にインパクトを創出する「意図」があること
インパクト投資家が投資をする目的

まず、投資家の投資目的を確認します。GIINは毎年行っているインパクト投資家調査[5]では、「インパクト投資をなぜするのか」と質問しており、その回答結果（複数回答可）を見ると、「投資を通じて意図的にインパクトを追求することは、私たちの使命のため」という項目には87%、「責任ある投資家としてのコミットメントのため」は87%、「社として掲げているインパクト目標を効率的に達成できるため」は81%の投資家が「とても重要」と回答しています。インパクト投資家は、インパクトを追求し、インパクト目標を達成することを目的にしていることが分かります。

インパクトとは？

ここで、投資家が投資をする目的として掲げている、「インパクト」という言葉の意味に

図表 1-1　インパクト投資をなぜするのか

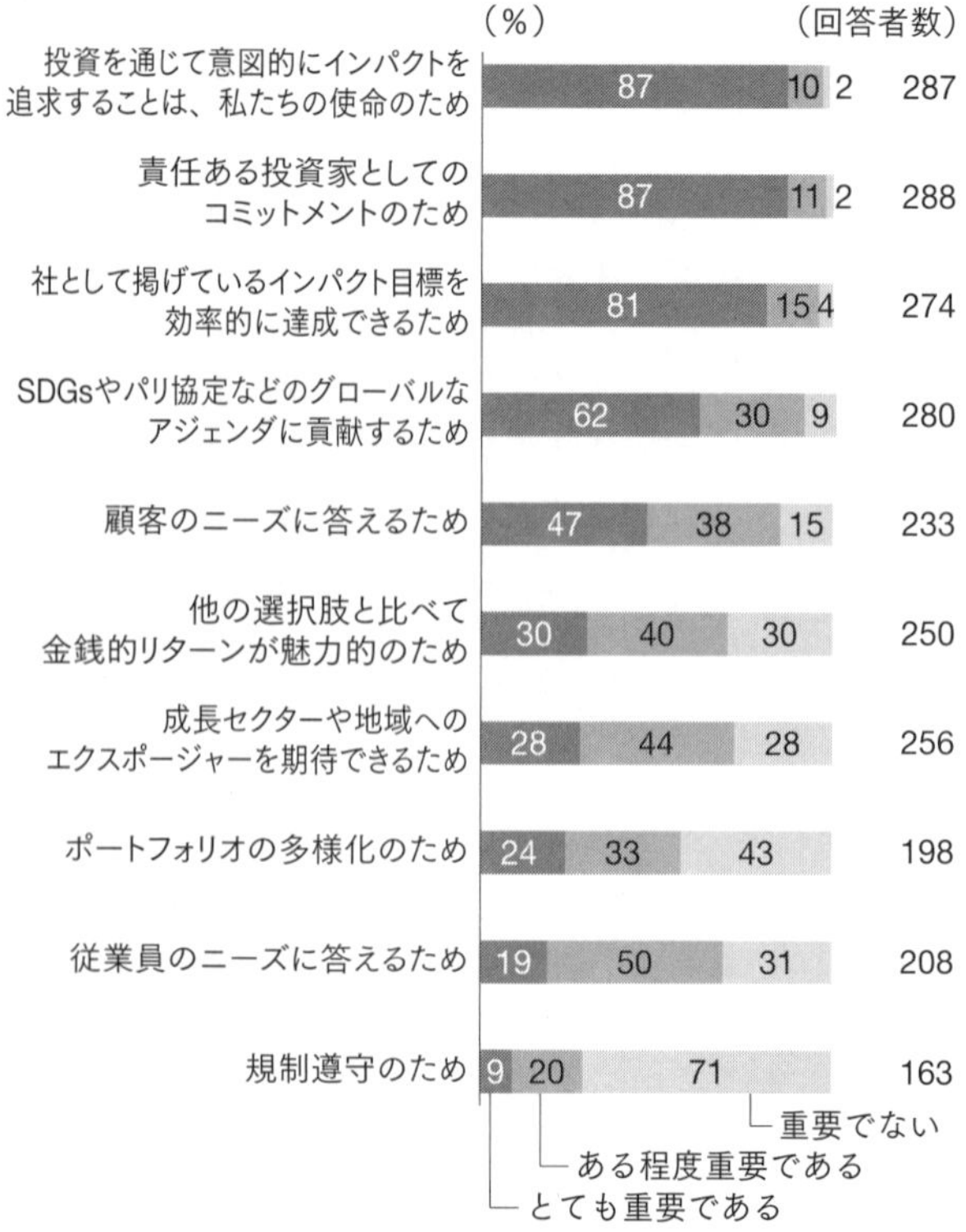

［注］　確信がない、該当なしと回答した者の数は含まれていません。
［出所］　2020 Annual Impact Investor Survey（Global Impact Investing Network）
https://thegiin.org/research/publication/impinv-survey-2020

ついて触れておきたいと思います。インパクトの定義としては、インパクト・マネジメント・プロジェクト（以下、IMP）による次のようなものを参照することが一般的です。IMPは、GIIN同様にインパクト投資業界で中心的な役割を果たしている、2000以上の実務家から構成されるグローバルな業界団体です。

インパクトの定義[6]
事業や活動の結果として生じた、社会的・環境的な変化や効果。（IMP）

インパクトにはいくつかの種類があります。まずは、「ポジティブ・インパクト」と「ネガティブ・インパクト」です。それぞれの言葉がどのように使われるかについて、海洋プラスチック問題の解決を試みるビジネスを例に考えてみましょう。

ある会社がプラスチックに取って代わるような自然分解可能な新素材の容器を販売するビジネスを展開しているとします。この場合には、プラスチックのごみを減らすことに貢献していることになるので、海洋プラスチックという課題に対して、ポジティブ・インパクトを生み出していることになります。一方で、生活洗剤や食品などを販売している会社がプラスチック容器の使い捨て容器を自社商品の包装として利用している場合には、ネガティブ・インパクトを生み出していることになります。もしその会社が自社から生み出される使い捨てプラスチックを減らすために、プラスチックを使わない詰替商品を販売すれば、ネガティブ・インパクトを抑制する取組みである、と表現されます。インパクトが実現されるまでの期間は様々で、短期のインパクトもあれば、長期のものもあります。また、効果を予期できるものと、予期できないものがあります。

では、どのような環境や社会の課題がインパクト投資の対象となるのでしょうか。読者のみなさんは、環境・社会の課題としてどのようなものをイメージされますか。昨今は、気候変動問題がよく取り上げられますが、日本では、少子高齢化や地方創生といったテーマも聞きます。一方で新興国に目を向けてみると、水、エネルギーなど、生きていくための必要なインフラが整っていないことがあげられます。貴重な文化資産や自然資産がなくなってしまうことも課題といえます。世界中にある様々な課題を、２０１５年に国連サミットがＳＤＧｓという形で分かりやすく整理しました。インパクト投資家も、解決したい環境的・社会的課題をＳＤＧｓの概念で説明することが多い[7]です。インパクト投資家が取り上げているＳＤＧｓの目標のうち、「包摂的かつ持続可能な経済成長及び全ての人々の完全かつ生産的な雇用と働きがいのある人間らしい雇用を促進する」「あらゆる場所のあらゆる形態の貧困を終わらせる」「あらゆる年齢の全ての人々の健康的な生活を確保し、福祉を推進する」が上位3位に入ります。SDGsの実現に向けては、民間セクターからの資金が必須ですが、インパクト投資が1つの実現手段と考えられています。

投資家は、投資行動を通じて環境的・社会的課題を解決する、つまり、インパクトを創出するといった「意図」（インテンショナリティ）を持ってインパクト投資をします。投資家による意図はインパクト投資の最大の要素であり、「意図」の考え方を理解することは極めて重要です。投資家は意図を持っていると公表するだけでは不十分で、行動に表す必要があります。行動の例として、まずインパクトを創出している会社に対して資金を提供したり、そういった会社を選択して投資をしたりすることが挙げられます。加えて、投資先がよりインパクトを生み出すような業務支援なども求められています。この意図を持った行動は投資家による貢献（アディショナリティ）と表現されます（第5章で詳しく説明します）。

投資先のビジネスが環境的・社会的課題を直接に解決するのではなく、何らかの良い影響を見込むのみであれば、インパクト投資とはみなされません。投資家がインパクトを創出するという意図を持ち、投資先によるインパクトの実現に貢献する必要があります。この点

図表 1-2　SDGs 別インパクト投資家が掲げている社会課題

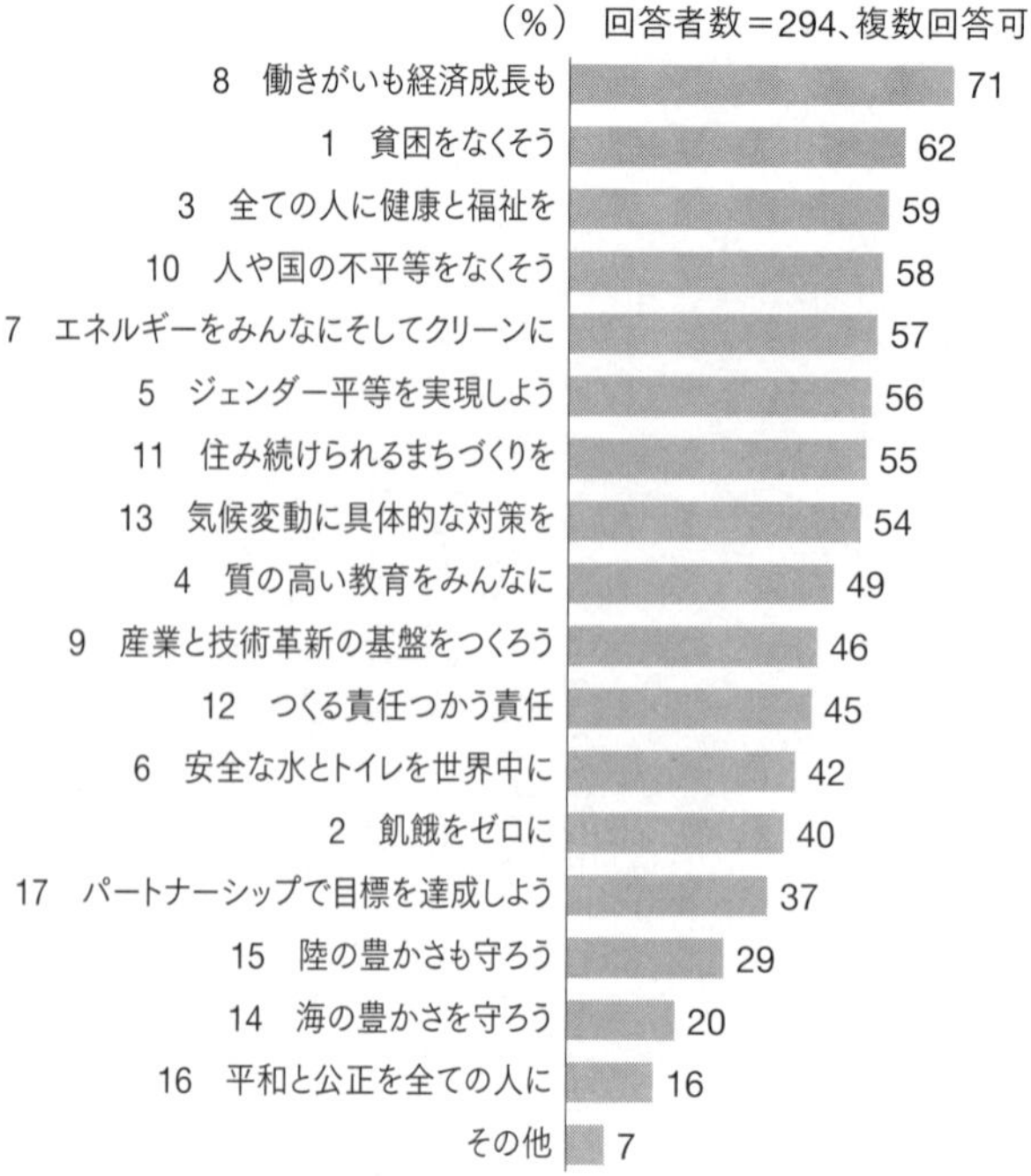

［注］「その他」のSDGsに沿ったインパクトテーマとしては、手頃な価格の住宅、テクノロジーとイノベーション、中小企業の発展、人種的平等、そして雇用創出、障がいを持つ利害関係者への配慮、ジェンダー平等、環境保全などの分野横断的なテーマが挙げられます。また、一部回答者は、SDGsに沿ったインパクトのあるテーマを積極的にターゲットにしていないと述べています。

［出所］2020 Annual Impact Investor Survey（Global Impact Investing Network）https://thegiin.org/research/publication/impinv-survey-2020

が、ESG投資など、環境的・社会的要素を考慮した他の投資手法との違いの核心にあります。

(3)「インパクトの測定・報告」をすること

投資先が社会的・環境的課題を解決し、インパクトを地球や社会に対して生み出すことを、「(投資家が)社会的リターンを生み出す」と表現しますが、「社会や環境に良さそうな会社に投資をした」だけでは本当に社会的リターンが出ているのか分かりません。金銭的リターンが財務諸表等を通じて可視化されるように、社会的リターンも可視化することが必要です。投資先がどの程度社会的・環境的課題を解決し、インパクトを地球や社会に対して生み出したかを測定することを「インパクト測定」といい、投資先がポジティブなインパクトを創出し続けるとともにネガティブなインパクトを可能な限り発生させないよう、投資先に対し事業改善するよう促し続けることを「インパクト・マネジメント」といいます。インパクトを測定、管理、報告し、そのサイクルを改善に活かしていくといった一連のプロセスを、「インパクト測定及びマネジメント」(Impact Measurement and Management)といい、英語での頭文字をとってIMMともいいます。IMMについては、第4章で詳しく見ていきます。

インパクト測定及びマネジメント（ＩＭＭ）とは
インパクトを測定、管理、報告し、そのサイクルを改善に活かしていくといった一連のプロセス。

2　サステナブル投資、ＥＳＧ投資との関わり

環境、社会、ガバナンスの観点で投資先を選択するＥＳＧ投資やサステナブル投資という言葉を、読者の皆さんは目にされたことがあると思います。本節では、インパクト投資とそれらの違いについて、考えていきます。この業界は過渡期であるため、違いについても諸説ありますが、私の国内外における投資家調査や経験を踏まえて現時点でよく聞く解釈をお伝えします。

(1)　サステナブル投資とは

まず、ESG投資やインパクト投資を包括する概念である「サステナブル投資」について見ていきます。サステナブル投資については、グローバル・サステナブル・インベストメント・アライアンス（Global Sustainable Investment Alliance、以下、GSIA）という国際的に知られた業界団体があります。GSIAは、欧州、米国、カナダ、日本、オーストラリア・ニュージーランドにおいてサステナブル投資の促進を進めている業界団体を取りまとめている総本山のような団体です。GSIAはサステナブル投資の市場調査を2012年より2年に1回行なっており、本章で紹介する2020年版は5回目の調査になります。GSIAは、サステナブル投資を次のように定義をしています。

サステナブル投資の定義[8]

環境、社会、ガバナンスの要素を考慮した投資手法。（GSIA）

環境、社会、ガバナンスの要素を考慮した投資として、投資家はGSIAの定義する次の7つの手法を組み合わせて一般的には投資しています。

サステナブル投資の投資手法[9]

①ネガティブ・スクリーニング：特定のセクター、会社などをファンドやポートフォリオから除外

②ポジティブ・スクリーニング：同じセクターと比較してESGのパフォーマンスが優れている会社やプロジェクトに投資

③国際規範に基づくスクリーニング：経済開発協力機構（OECD）、国際労働機関（ILO）、国連、国際連合児童基金（UNICEF）などが発行している、最低限守るべき基準への遵守状況に基づき投資先を選ぶ

④ESGインテグレーション：財務分析にESG要因をシステマティックに組み込み、投資先を選ぶ

⑤テーマ型投資：環境的、社会的に持続可能な解決策に特に貢献するテーマや資産に投資（持続可能な農業、グリーンビルディング、低炭素、ジェンダー・エクイティ、ダイバーシティなど）

⑥インパクト投資及びコミュニティ投資：インパクト投資は、社会的、環境的にポジティブな影響を与えるための投資でこれらの影響を測定し、報告することが必要である。コ

ミュニティ投資は、伝統的に十分なサービスを受けていない個人やコミュニティに向けて特別に資本を提供する場合や、社会的または環境的に明確な目的を持った事業に融資を行う場合をいう。コミュニティ投資の中にはインパクト投資もあるが、コミュニティ投資はより幅広く、他の形態の投資や対象となる融資活動を考慮しているものをいう。

⑦企業とのエンゲージメント及び株主提案：株主の権利を活用して企業行動に対して影響をもたらす行動。会社の執行役員や取締役会とのコミュニケーションをするといった直接的に働きかけること、株主提案を行うことや何らかのＥＳＧガイドラインに沿って議決権の委任投票をすることなどが含まれている。

(2)　世界で伸びるサステナブル投資

サステナブル投資の規模[10]は、２０２０年は35・3兆米ドルで、２０１８年比で15％増えました。運用資産に占める比率は、35・9％に達しており、主流化しつつあると評価できます。

個々の投資手法及び地域別に見てみると、世界最大のサステナブル投資戦略は、「④ＥＳＧインテグレーション」であり、過去5年間で１４３％の成長を遂げ、その運用資産額

図表 1-3　サステナブル投資手法・地域別の運用資産

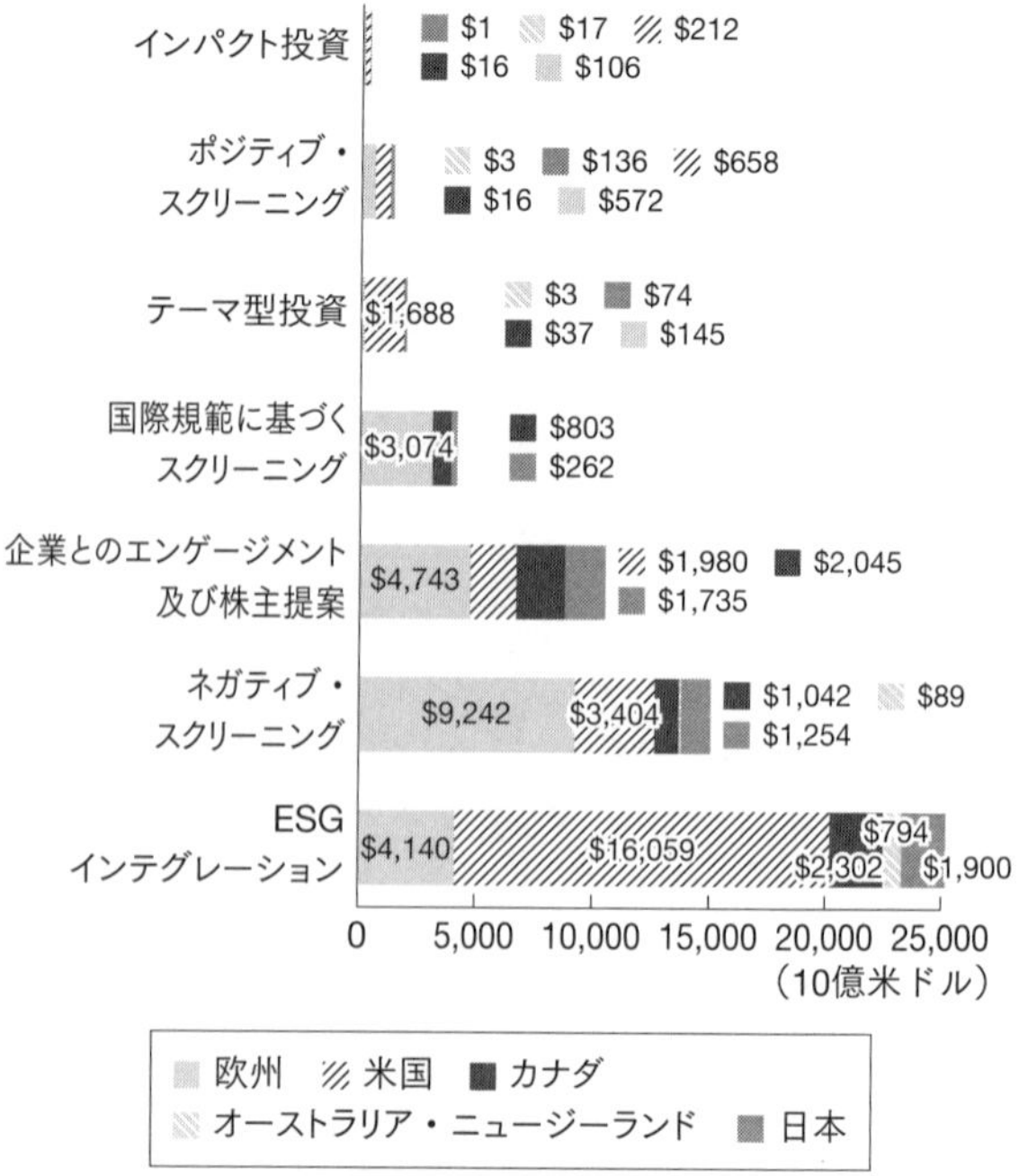

［注］　欧州は、2018年のGSIRレポートの過去のデータから外挿し、2020年のデータに同じ割合を適用したものです。米国は、2020年のトレンドレポートで全体の回答者の一部から提供された数字を外挿したものです。米国とオーストラリア・ニュージーランドは規範に基づくスクリーニングのカテゴリーについて、オーストラリア・ニュージーランドはポジティブ/ベストインクラスのスクリーニングのカテゴリーについて報告していません。

［出所］　GSIA Review 2020
http://www.gsi-alliance.org/wp-content/uploads/2021/08/GSIR-20201.pdf

図表1-4　総運用資産に占めるサステナブル投資の地域別割合

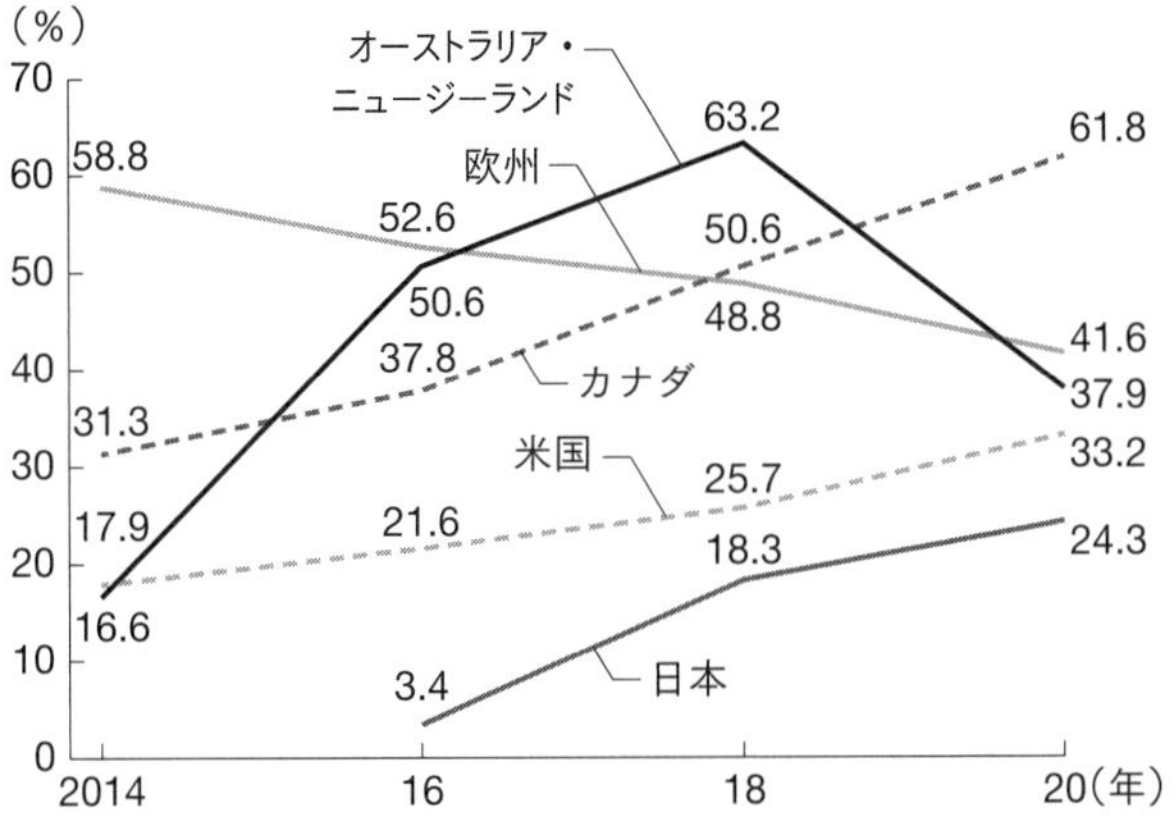

[出所]　GSIA Review 2020
http://www.gsi-alliance.org/wp-content/uploads/2021/08/GSIR-20201.pdf

は25兆米ドルに達しています。これに続くのが「①ネガティブ・スクリーニング」で、15兆ドルとなっています。欧州ではネガティブ・スクリーニングが最も取られている戦略であり、米国、カナダ、オーストラリア・ニュージーランド、日本では「④ＥＳＧインテグレーション」が最も多くなっています。世界合計で最も伸び率が高いのは「⑤テーマ型投資」であり、年平均成長率63%となっています。総運用資産に占めるサステナブル投資の割合は、カナダ、米国、日本で伸びており、それぞれ２０２０年の水準は、62%、33%、24%となっています。欧州は水準が42%と高いですが、２０１８年から２０２０年にかけて運用資産額に占めるサステナブル投資の割合が低くなりました。サステナブル投資の基準を明確に定めた法律が制定されたためです。今後ヨーロッパ以外においてもサステナブル投資の定義が厳格化される可能性があり、その点は注意して見ていく必要があります。「⑥インパクト投資及びコミュニティ投資」については世界中のインパクト投資家を対象としている調査があり、そちらがメディアで取り上げられることが多いため、第3章ではその内容を紹介します。

(3) サステナブル投資とESG投資

次にESG投資についてです。GSIAは、前述の7つの投資戦略をあわせてサステナブル投資と呼んでいますが、このうちどれがESG投資なのかを明確に定義しているわけではありません。ESG投資という言葉が具体的にどの手法を指しているのかの解釈は人により異なる可能性がありますが、私の経験では、多くの投資家は、「⑥インパクト投資及びコミュニティ投資」以外を「ESG投資」という言葉で表現していることが多いように思います。

もともとESG投資という言葉の起源は、社会的責任投資（Socially Responsible

Investment）にあるといわれています。1960年代以降の公民権運動などの社会運動の1つとして注目され、その後、酸性雨などの地球環境問題や、エンロン事件[11]による企業のガバナンスの脆弱性への注目などの様々な事業を契機に社会的責任投資は拡大していきました。しかし、この時代の投資は、収益よりも社会的責任を優先するというイメージもあって、大きく広がることはありませんでした。

その後、転機となったのは、2006年に国連が制定したPRI原則（Principles for Responsible Investment, 責任投資原則）です。収益を追求する投資家を含め、全ての投資家に対してESGの考慮の必要性が説かれ、世界でESG投資という言葉が広く認知されるようになりました。2008年リーマン・ショック後に資本市場で短期的な利益追求に対する批判から企業価値を長期的な視点で考えるべきとの機運が高まったことも、普及に貢献したといわれています。

PRI原則を契機に、それまでの伝統的な投資家（conventional capital）の判断材料（財務諸表や売上計画・実績等の定量的な財務情報と、事業戦略等の定性情報）に加えて、地球温暖化対策や取締役会の構成等で表される環境、社会、ガバナンスが投資判断に考慮されるようになりました。気候変動などのESG要因が企業の持続可能性や中長期的な企業価値に

図表 1-5　投資判断の要因となる財務情報と非財務情報（イメージ）

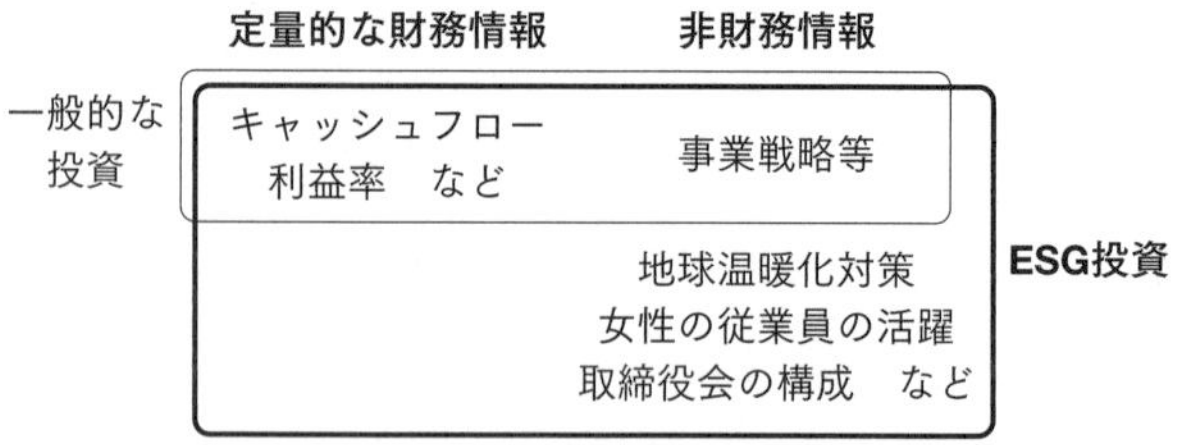

［出所］　"What is responsible investment?"（PRI）及び『ESG 開示情報実践ハンドブック』（東証）より筆者作成

影響を及ぼすものとして、長期的な事業経営のリスクを低減させる目的で投資判断に組み入れられるようになったのです。日本では、運用資産額186兆円（2020年度）[12]を超える世界最大の年金基金、年金積立金管理運用独立行政法人（GPIF）がESG投資を行っていることで有名ですが、「資本市場は長期で見ると環境問題や社会問題の影響から逃れられないので、こうした問題が資本市場に与える負の影響を減らすことが、投資リターンを持続的に追求するうえでは不可欠」と説明[13]しています。

(4)　ESGが中長期的な企業価値に与える影響

ESGが企業の持続可能性や中長期的な企業価値に本当に影響を与えているのかどうか、それを裏付ける研究結果が実はたくさん出ています。例えば、2021年に米国で興味深い研究結果が公表されています。ニューヨーク大学サステナブルビジネスセンター及びロックフェラー・アセット・マネジメントが協力し、2015年から2020年までの1000以上の研究論文におけるESGと財務実績の関係を調査[14]しました。具体的には、各論文を企業の財務実績（ROEやROAなどの指標や、企業や企業グループの経営成績など）に焦点を当てたものと、投資実績（アルファや株式ポートフォリオのシャープ比など）に焦点を当てたものに分け、調査結果に違いがあるかどうかを調べました。また、低炭素戦略と財務実績との関連性に焦点を当てた論文や記事についてもレビューをしています。

その結果、企業の財務実績に焦点を当てた研究の58％では、ESGと財務実績の間に正の関係が見られ、負の関係を示したのは8％のみでした。投資実績に着目した研究では、59％が従来の投資手法と同等以上の実績を示し、負の関係を示したのはわずか14％でした。また、気候変動（低炭素）に関する研究のうち、65％が従来の投資と比較してポジティブまたはニュートラルな実績を示し、ネガティブな結果を示したのはわずか13％でした。このように、ESGと財務実績の間に負の相関関係を見出した研究は非常に少ないことが分かっています。

図表1-6　ESGと財務パフォーマンスを研究した学術研究の結果

ESGと財務パフォーマンスの間にポジティブおよび/またはニュートラルな結果が多く、負の相関があるとした研究は非常に少ない（2015年から2020年の間に発表された1000以上の研究に基づく）。

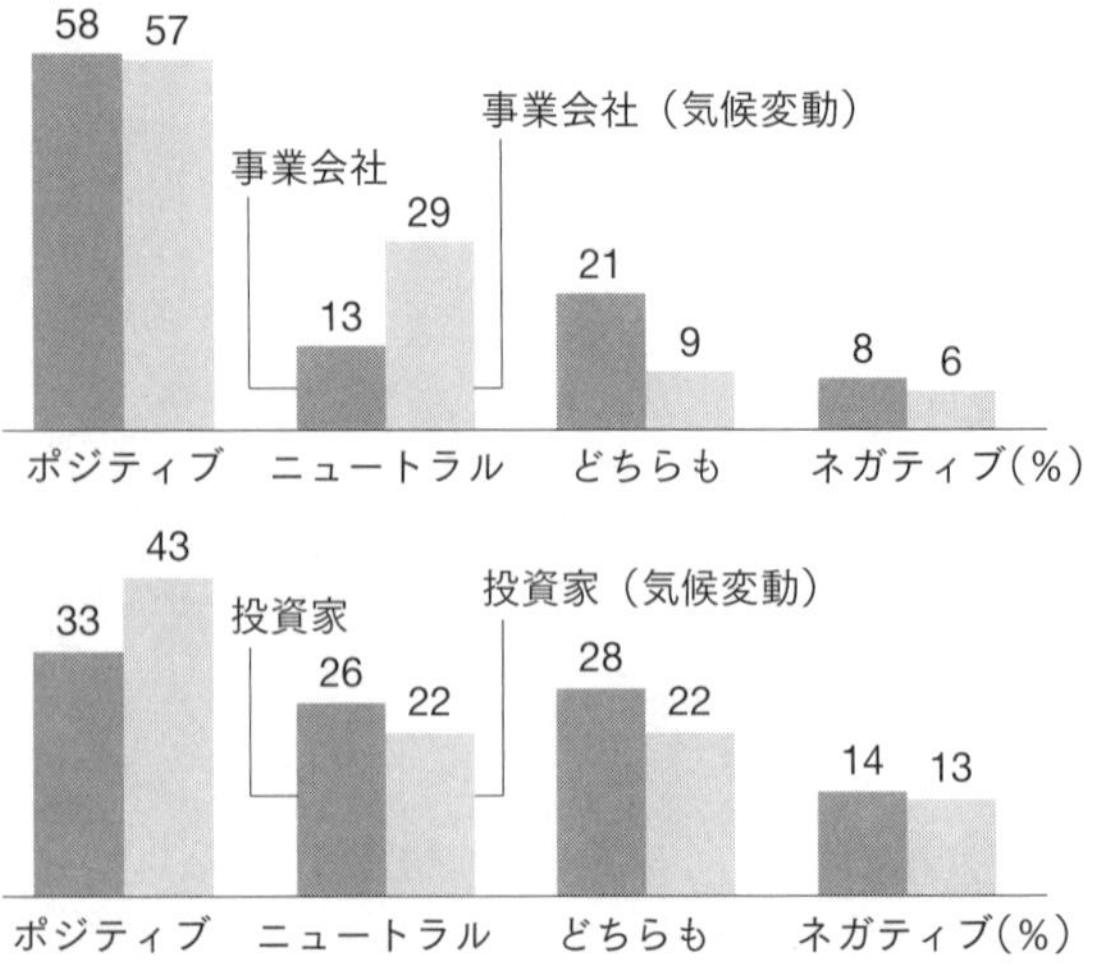

［出所］　ESG and Financial Performance（Tensie Whelan, Ulrich Atz, Tracy Van Holt and Casey Clark, NYU Stern Center for Sustainable Business, Rockefeller Asset Management）https://www.stern.nyu.edu/experience-stern/about/departments-centers-initiatives/centers-of-research/center-sustainable-business/research/research-initiatives/esg-and-financial-performance

(5) インパクト投資とESG投資

インパクト投資、ESG投資は共通して持続可能な社会の実現を目指しますが、その実現の目的が異なります。ESG投資は、PRI原則を元に、財務諸表や売上計画・実績等の定量的な財務情報と、事業戦略等の定性情報に加えて、ESG要因を投資判断に考慮している投資です。特定の企業や業種に対する投資の除外や、ESGに関連する取組みに積極的な企業や業種の選択を通じて、事業経営上のリスクである環境的・社会的な被害を最小限に抑えることで金銭的リターンを追求していく投資ということになります。それに対して、インパクト投資は投資がもたらす環境・社会面での直接的な課題解決をビジネスの機会として捉え、それらの最大化をより強く意図している投資ということになります。つまり、インパクト投資とESG投資は、共通する基盤をもちながらも異なる側面を有しているといえます。

ESG投資の代表的な投資先として、半導体メーカーのエヌビディアがあります。同社は、製造に必要な鉱物の責任ある調達を実施しており、取締役のESGに関する責任を明確化し、ダイバーシティ採用を徹底しています。他にも日本でもお馴染みのコストコも代表的な事例です。コストコは、優秀な人材が効率よく働くことを徹底することで、顧客に低価格商品が提供できる考えのもと、高い賃金設定などの働きやすい職場環境を提供しています。

インパクト投資先の例は第5章や第7章で紹介しますが、例えばオランダを代表する1902年創業の大企業、DSMがあげられます[15]。同社は、ビタミン・ミネラルのプレミックスの製造・販売事業を立ち上げました。発展途上国で5歳未満児の30%以上が慢性栄養不良であり、栄養不良は感染症罹患により死亡リスクを高めるという課題を解決するため、家

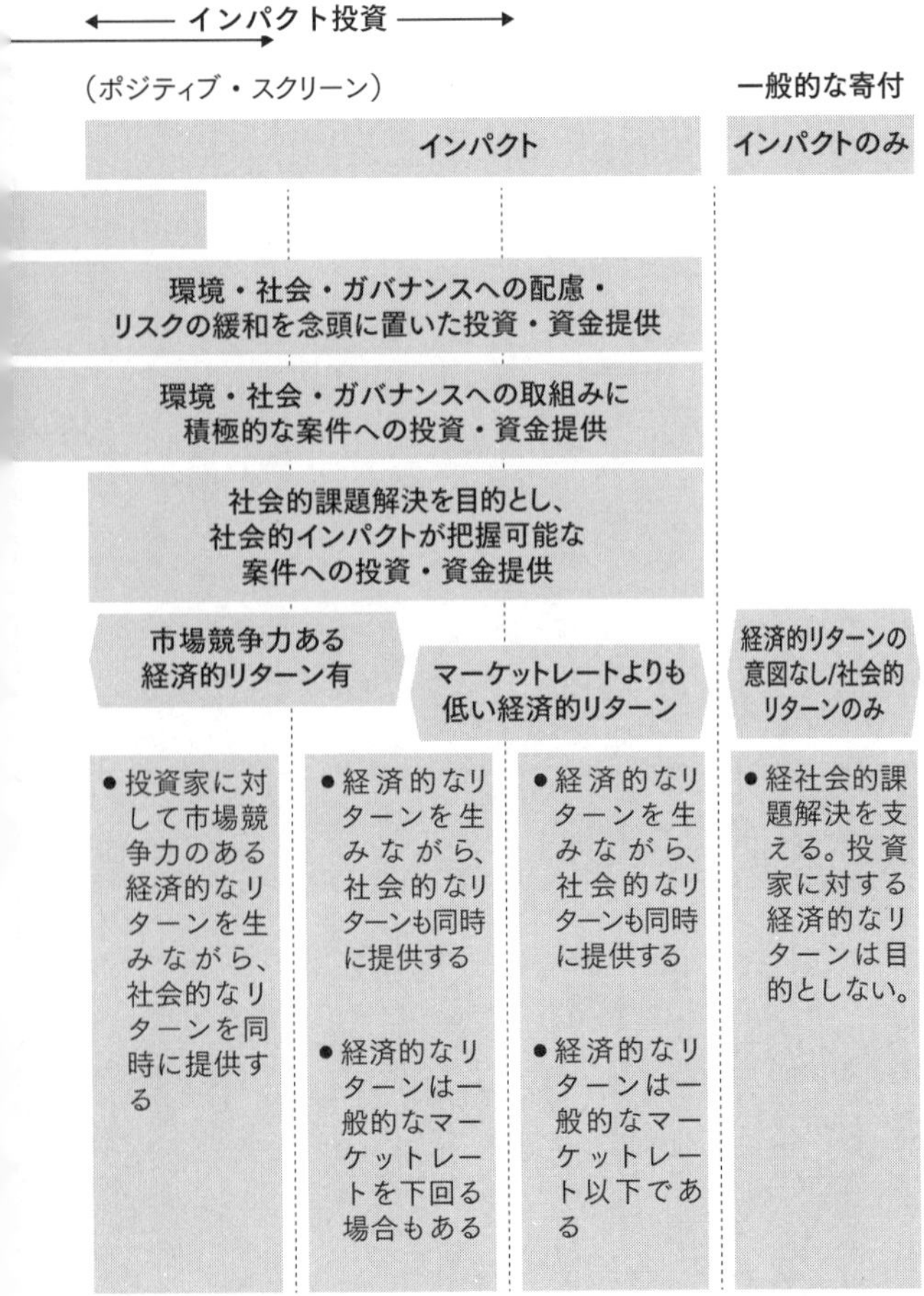
インパクト投資
（ポジティブ・スクリーン）
一般的な寄付
インパクト
インパクトのみ
環境・社会・ガバナンスへの配慮・
リスクの緩和を念頭に置いた投資・資金提供
環境・社会・ガバナンスへの取組みに
積極的な案件への投資・資金提供
社会的課題解決を目的とし、
社会的インパクトが把握可能な
案件への投資・資金提供
市場競争力ある
経済的リターン有
マーケットレートよりも
低い経済的リターン
経済的リターンの
意図なし/社会的
リターンのみ
●投資家に対して市場競争力のある経済的なリターンを生みながら、社会的なリターンを同時に提供する
●経済的なリターンを生みながら、社会的なリターンも同時に提供する
●経済的なリターンは一般的なマーケットレートを下回る場合もある
●経済的なリターンを生みながら、社会的なリターンも同時に提供する
●経済的なリターンは一般的なマーケットレート以下である
●経社会的課題解決を支える。投資家に対する経済的なリターンは目的としない。

図表 1-7　インパクト投資の特徴と位置付け

一般的な投資	← ESG投資 → （ネガティブ・スクリーン）	
金融のみ	責任	サステナブル
市場競争力のある財務的リターンを創出可能な案件への投資		
●経済的リターンを意図する従来型の投資スタイル ●環境・社会・ガバナンスに対する積極的な関心はない	●財務面からだけではなく、企業価値を毀損しない観点から、環境・社会・ガバナンスに対する配慮やリスク緩和を念頭に置いた投資スタイル	●価値上昇の観点から、環境・社会・ガバナンスを重視する投資スタイル

［出所］　インパクト投資の特徴と位置づけ（GSG 国内諮問委員会）
https://impactinvestment.jp/impact-investing/about.html

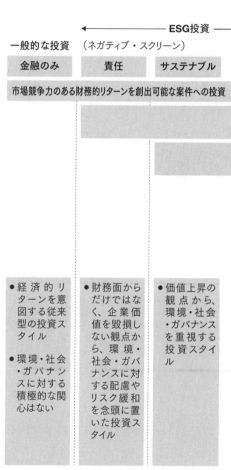

庭での食糧強化のための商品や必須ビタミン・ミネラルを強化した米を開発・提供しています。これらの例から分かるように、ESG投資の投資先は、事業活動を通じて発生してしまう、あるいは長期的には事業経営上、問題になるかもしれないESGリスクの軽減のために必要な取組みを実施しています。一方で、インパクト投資先は、事業を通じて直接的に環境・社会の課題を解決しています。

3 会社経営におけるSDGs、ESG、CSR、インパクト投資の関係

本節では、インパクト投資の周辺の概念にあるSDGsやESG、CSRについて事業経営の観点で考えてみたいと思います。

SDGs、ESG、CSRは全て、社会及び自社の持続性を高めるという共通目的があります。投資家がESGを投資判断に組み込むのは、金銭的リターンを高めることが一義的な目的で、事業会社がESGを事業経営に活かすのは、事業経営のリスクを可能な限り低くし、持続的に企業成長をさせていくことが目的です。以下、SDGsとCSRについて見ていきます。

(1) 会社経営とSDGs

SDGsは社会全体で共有・連携して持続的な社会を実現するために設定されていることから、投資家や事業会社が企業経営を考える際に避けて通ることはできなくなっています。国連は、2020年から2030年の10年間をSDGs実現にあたっての行動の10年としています。SDGsは、企業が本業を通じて取り組むべきものとされており、その取組み方法は企業行動指針SDGコンパスが参考にされることが多いです。これはSDGsが採択された2015年9月に国連グローバル・コンパクトなどにより発行されたものです。2021年3月に一般社団法人グローバル・コンパクト・ネットワーク・ジャパン及び公益財団法人地球環境戦略研究機関が日本企業に対してSDGsへの取組みの5年間の進捗状況などを調査[16]しました。回答企業のうち、2016年の調査ではステップ1「SDGsを理解する」が半数以上を占めていましたが、2020年になると「ステップ4：経営へ統合する」が27・4%と最も高い値を示し、ステップ3以降が68・3%を占めるなど、この5年間で回答者の取組みが進んでいることが分かります。経営への統合とありますが、具体的にどう認識されているかについても同調査で確認しています。SDGsに対する認識については、「持続可能性に関わる価値の向上」「企業の存在価値向上」「利害関係

図表 1-8　SDG Compass における企業の取組みの進捗状況

Q.貴社・団体は「SDG Compass」で定義されているどのステップに現状ありますか

（年）	2016	2017	2018	2019	2020
ステップ1：SDGsを理解する	53.5%	42.9%	30.6%	18.8%	12.0%
ステップ2：優先課題を決定する	22.2%	27.6%	28.3%	25.8%	19.7%
ステップ3：目標を設定する	11.1%	13.5%	16.7%	26.3%	20.7%
ステップ4：経営へ統合する	9.1%	8.0%	12.2%	15.1%	27.4%
ステップ5：報告とコミュニケーションを行う	4.0%	8.0%	12.2%	14.0%	20.2%

（※ 2016 年は、SDG Compass を参考にしている 99 企業／団体のみ回答）

Q.貴社・団体内では、SDGsをどのように認識しているか（複数選択可）

（年）	2016	2017	2018	2019	2020
持続可能性に関わる価値の向上	78.9%	76.7%	82.2%	87.6%	92.3%
利害関係者との関係強化	60.5%	54.6%	59.4%	68.8%	71.6%
将来のビジネスチャンス	59.9%	57.7%	69.4%	69.4%	71.6%
社会と市場の安定化	57.1%	51.5%	58.3%	53.8%	58.2%
企業の存在価値向上	—	74.2%	80.0%	82.3%	90.4%
重要と認識しているが明確な目的は模索中	—	19.6%	9.4%	7.0%	9.1%
投資家対応	—	29.4%	27.2%	30.6%	33.7%
特に重要であるとの認識はない	4.8%	1.2%	0.0%	0.0%	0.0%
その他（具体的に）	4.8%	4.3%	5.0%	4.8%	5.8%

［出所］ コロナ禍を克服する SDGs とビジネス～日本における企業・団体の取組み現場から～（一般社団法人グローバル・コンパクト・ネットワーク・ジャパン、公益財団法人地球環境戦略研究機関、2021/3/25）
https://www.iges.or.jp/jp/publication_documents/pub/policyreport/jp/11244/SDGs5_H.pdf

者との関係強化」「新たなビジネスチャンス」を選択する企業が70％を超えており、年々増えています。その一方で、「投資家対応」は33・7％で、調査開始時からさほど大きな変化が見られません。ＳＤＧｓを株主から求められて取り組むものではなく、自社の事業活動や経営戦略として捉えている企業が多いようです。ＳＤＧｓの達成期限である２０３０年まで残り10年を切っていることを考えれば、さらなる進展が求められていますし、２０３０年以降にもしＳＤＧｓに代わる新たな目標が国連機関などで設定される場合には、その新しい目標を考慮していくことになります。

(2)　会社経営とＣＳＲ

多くの企業はＣＳＲ（企業の社会的責任、Corporate Social Responsibility）として、植林活動などの環境対策や文化事業やスポーツ事業への協賛などの地域社会への貢献に取り組んでいます。２０２０年９月に経団連が会員企業３９０社に対して行った調査[16]によると、回答企業の93％が「寄付等の資金的支援」のような従来から代表的とされる社会貢献活動を実施しています。また、社会貢献活動の役割や意義について、企業の９割以上が「企業の社会的責任の一環」、８割以上が「経営理念やビジョンの実現の一環」と回答していることから

図表 1-9　SDGs、ESG、CSR、インパクトの関係

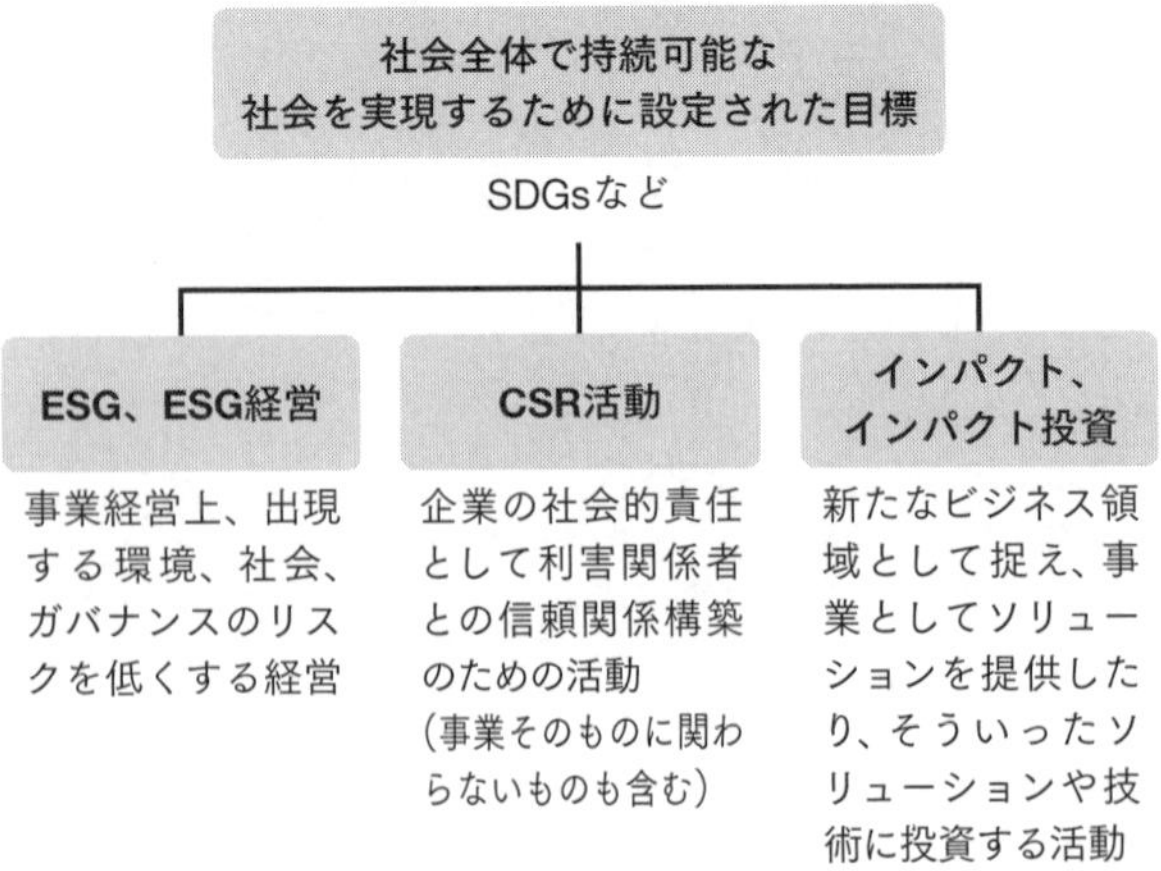
社会全体で持続可能な
社会を実現するために設定された目標
SDGsなど
ESG、ESG経営
事業経営上、出現する環境、社会、ガバナンスのリスクを低くする経営
CSR活動
企業の社会的責任として利害関係者との信頼関係構築のための活動
(事業そのものに関わらないものも含む)
インパクト、
インパクト投資
新たなビジネス領域として捉え、事業としてソリューションを提供したり、そういったソリューションや技術に投資する活動

[出所] 筆者作成

も、企業の責任として、社会及び自社の持続性を高めることが目的となっているようです。植林活動などの地域社会への還元は、事業に関わらないものも含まれています。従業員によるボランティア活動や文化事業等への協賛など企業の利益還元のイメージが強いのは、投資家・金融機関、従業員や取引先、地域住民といった各種ステークホルダーと信頼関係を構築するために取り組むものだからです。[17]

SDGsは社会全体で共有・連携して持続的な社会を実現するために設定されていることから、SDGsを実現するにあたっての手段がCSRやESGを考慮した経営と考えられます。事業会社が投資家と

COFFEE BREAK

インパクトとESG

――ブラックロック ファンダメンタル株式インパクト投資責任者　エリック・ライス氏

インパクト投資はプライベート・エクイティの世界で発展してきており、資金の出し手が富裕層に限られていました。しかし、年金やどのような金額でもインパクトのある投資ができるようにしなければなりません。また、グローバルな社会課題解決のための必要な資金の規模を考えると、何十億、何兆ドルといった資金のある上場株式市場の力が必要であると考え、私たちは、上場株式を通じたインパクト投資ファンドを立ち上げました。

私たちのファンドからどんな企業に投資しているのか、ESGファンドと何が違うのかについてよく質問を受けます。ESGの観点は、企業のビジネスへの取り組み方やオペレーションの仕方について検討をする際に重要となります。その意味では、あらゆる企業がESGを意識した経営をすることが可能です。一方で、企業が生み出す製品やサービスが課題解決の促進に資するのかを見るのがインパクト投資です。その企業が存在しなければ解決できないような重大課題を、新しい技術や革新的なビジネスモデルを用いて解決していることが条件となります。インパクトとESGの両方を追求することが企業の理想的な姿であると考えます。

私たちはプライベート・エクイティにおける、投資家の直接的な関わり合いをどのように上場株式市場に持ち込めるのか検討しました。私たちはそれを、主にインパクトを重視したエンゲージメント活動を通じて行なっています。我々のエンゲージメント活動では、インパクトに加え、ESGの観点も見ます。それは、インパクト企業には適切なガバナンス体制が備わっていない場合もあり、必ずしもESGの面でも優れた企業ばかりではないからです。企業のインパクト創出を向上させ、収益性を高くするためには、様々な方法があります。

してインパクト投資を実行している事例も最近は出てきています。詳細は第5章で触れますが、非上場企業であるスタートアップへ投資をすることによりオープンイノベーションを通じたインパクトの創出を実行しようというものもあります。また、投資家が上場企業にインパクト投資をすることによって、インパクトの創出の貢献を支援するということも行われています。

ポイント

- インパクト投資とは、金銭的なリターンと並行して、ポジティブで測定可能な社会的・環境的インパクトを生み出すことを意図して行われる投資である。
- その特徴は、①投資家が「金銭的リターン」を追求すること、②投資家にポジティブな社会的・環境的インパクトを創出する「意図」があること、③「インパクトの測定・報告」をすること。インパクトを創出する意図には、投資家による貢献も含まれている。
- ＳＤＧｓ、ＥＳＧ、ＣＳＲ、インパクト投資は、いずれも社会全体で持続可能な社会を実現することが目的であり、その実現の目的の違いである。

注

1　詳細は、参考資料参照

2　Global Impact Investing Network 'What is impact investing？' https://thegiin.org/impact-investing/need-to-know/#what-is-impact-investing

3　英文は、"Impact investments are investments made with the intention to generate positive, measurable social and environmental impact alongside a financial return." 和訳はＧＳＧ国内諮問委員会による https://impactinvestment.jp/impact-investing/about.html

4　Citing $2.5 Trillion Annual Financing Gap during SDG Business Forum Event, Deputy Secretary-General Says Poverty Falling Too Slowly (United Nations, 9/25/2019) https://www.un.org/press/en/2019/dsgsm1340.doc.htm

5　詳細は第3章参照。

6　What is impact? (Impact Management Project) https://impactmanagementproject.com/impact-management/impact-management-norms/
「インパクト投資拡大に向けた提言書２０１９」（第2章 p.9） https://impactinvestment.jp/

user/media/resources-pdf/impact_investment_report_2019.pdf

7　インパクト投資家は、環境的・社会的課題を説明していくにあたってＳＤＧｓの他には、UNEP FIによるインパクトレーダー、World Benchmarking Alliance による７つの領域、欧州グリーンディール新戦略の掲げる投資領域、科学技術基本計画に基づくSociety5.0 等企業のビジネスに関わる領域を参照していることもあります。インパクト投資におけるインパクト測定・マネジメント実践ガイドブック（ＧＳＧ国内諮問委員会、２０２１年６月）　https://impactinvestment.jp/news/research/20210701.html?fbclid=IwAR28kZazIQuqz3JGWeC6Vl9kv2e-vlagh42o0dsN57ssI24NfW82z7Zyiil

8　ＧＩＩＮによるグローバルな投資家向けにＳＤＧｓの17個の目標の中で各投資ファンドの掲げるテーマのうち、どれに当てはめるか（複数回答可）を聞いてみると、「働きがいも経済成長も」が71％で最も多く、ついで「貧困をなくそう」が62％、「全ての人に健康と福祉を」が59％を占めています。

9　Global Sustainable Investment Review 2020 (GSIA,2021)　http://www.gsi-alliance.org/wp-content/uploads/2021/08/GSIR-20201.pdf

10　複数の戦略を用いて運用されている重複計上を調整して算出。

11　１９９０年代に急成長した米国のエネルギー商社エンロンは、インターネットやデリバティブを活用したビジネスモデルを確立した超優良企業として高い評価を受けていたが、２００１年11月に巨額損失を含む業績の遡及修正を公表後、信用不安を引き起こし、同年12月に米連邦破産法の適用を申請して経営破たんした。直接原因は資産のオフバランス化や投資資産価値のヘッジ目的で行った特別目的会社取引により巨額の損失を計上したためである。この取引にはエンロンの経営陣が関与しており、取引から不正に巨額の報酬を個人的に得ていたことも明らかになった。さらに、同社の取締役会はこの取引の問題を認識しながら承認を与えており、事後の監査も十分に行わなかったなど、様々な問題が明らかになり、コーポレート・ガバナンスや監査のあり方、開示制度、会計基準など資本主義のあり方に大きな波紋を及ぼした。（みずほリポート、2003年7月31日発行より https://www.mizuho-ir.co.jp/publication/mhri/research/pdf/report/report02-19M.pdf）

12　2020年度業務概況書（GPIF）　https://www.gpif.go.jp/operation/2020_4Q_0702_jp.pdf

13　ESG投資（GPIF）　https://www.gpif.go.jp/investment/esg/#a

14　ESG and Financial Performance: Uncovering the Relationship by Aggregating Evidence from 1,000 Plus Studies Published between 2015 – 2020 (Tensie Whelan, Ulrich Atz, Tracy Van Holt and Casey Clark, NYU Stern Center for Sustainable Business, Rockefeller Asset Management) https://www.stern.nyu.edu/sites/default/files/assets/documents/NYU-RAM_ESG-Paper_2021%20Rev_0.pdf

15　GSG国内諮問委員会

The difference between ESG and impact investing and why it matters（IFC, 2020/9/11）
https://ifc-org.medium.com/the-difference-between-esg-and-impact-investing-and-why-it-matters-8bf459b3ccb6

16 コロナ禍を克服するＳＤＧｓとビジネス～日本における企業・団体の取組み現場から～（一般社団法人グローバル・コンパクト・ネットワーク・ジャパン、公益財団法人地球環境戦略研究機関、２０２１年３月25日）回答者は２０８企業・団体。65・９％が売上高１千億円以上の企業で、73・６％がグローバル市場で事業を展開している。 https://www.iges.or.jp/jp/publication_documents/pub/policyreport/jp/11244/SDGs5_H.pdf

17 社会貢献活動に関するアンケート調査　主要結果（経団連、２０２０年９月15日） https://www.keidanren.or.jp/policy/2020/078_gaiyo.pdf

18 企業がＳＤＧｓに取り組む意義（大和総研、２０１９年８月27日）
https://www.dir.co.jp/report/research/capital-mkt/esg/20190827_020998.pdf

第2章

インパクト投資の市場規模は？ リターンを生み出しているのか

本章では、インパクト投資の市場規模やリターンについて、統計等を紹介していきます。本論に入る前に、インパクト投資業界の全体を把握するにあたって参考になるレポートを2つ紹介します。これから本章で取り上げる数値は執筆時点のものなので、いずれ情報が古くなります。こちらのレポートは、今後も定期的に調査内容がアップデートされるので、最新の情報を知るために役に立ちます。

GIINの「年次インパクト投資家調査」
――グローバルなインパクト投資市場の全容を定量的に把握できる！

毎年1回、GIINより公表される年次インパクト投資家調査（Annual Impact Investor Survey）は、市場規模や投資家の傾向が詳しく調査分析されています。100ページ近いレポートを読まなくても、興味関心に合わせて主な調査結果をインタラクティブに見られるツールがウェブサイトで利用可能です。[1]

GIINは、2007年にロックフェラー財団がインパクト投資という言葉を提唱した後、2009年に、JPモルガン、ロックフェラー財団、米国際開発庁のリーダーシップのもとに創設されたインパクト投資家の団体です。GIINは、インパクト投資が発展するためには、伝統的な資本市場と同じように、投資機会や投資実績のデータに投資家が平等にアクセスできたり、それらの比較ができたり、格付機関や清算機関、監査法人やその他必要なサービスを提供する会社にアクセスできることが重要であるとしています。このようなエコシステムの構築のためには市場の実態を取りまとめるのが第一歩ということで、年次インパクト投資家調査を公表しています。

なお、国際金融公社（International Finance Corporation, IFC）もインパクト投資の市場規模を試算していますが、IFCのデータ収集にはIMMを実施していないものも含まれている点に留意が必要です。本書では、GIINの数字を取り上げることにします。

「GSG国内諮問委員会のアンケート結果」
――日本のインパクト投資の実態が分かる！

日本の市場規模を把握する目的で、GSG国内諮問委員会が2016年より毎年アンケート調査を行っています。投資残高に加え、国内の取組み機関の事例やアンケートから得られた国内のインパクト投資の動向を紹介しています。

GSG国内諮問委員会は、国内でインパクト投資を促進する中心的な役割を果たしています。同委員会は、GSG（The Global Steering Group for Impact Investment）という団体の日本支部です。GSGは、2013年に、当時の先進国首脳会議（G8）の議長国であった英国キャメロン首相の呼びかけにより創設されたタスクフォースが母体となっています。現在は、世界33カ国の加盟国や地域（EU）が各国諮問委員会として参加し、世界中でインパクト投資の促進に努めています。英国におけるベンチャー・キャピタルの先駆者であるロナルド・コーエン卿が会長を務め、GSGの活動には金融、ビジネス、フィランソロピーなど多様な分野のリーダーが参加しています。日本支部であるGSG国内諮問委員会は、国内の業界を代表する有識者や実践者により構成されている委員会のリーダーシップのもと、日本財団の関係財団であるSIIF（Social Innovation and Investment Foundation, 社会変革推進財団）を事務局に、国内における調査研究、普及啓発・ネットワーキング活動を行っています。

1　市場の概要

グローバルなインパクト投資の市場規模は推定7150億ドル（約75兆円）です。サステナブル投資の35兆米ドルと比較するとかなり小さな規模ですが、2019年は5020億米ドルと推計されており、この数年で目覚ましい成長を見せています。第1章で紹介したGSIAによる、サステナブル投資手法・地域別の運用資産残高（3520億ドル）と数字が違うことをお気づきの方もいると思います。これは、データの収集範囲の違いによります。

GSG国内諮問委員会が算出している日本の市場規模に目を向けてみると、5126億円のインパクト投資残高があり、そのうち60％以上（3287億円）はインパクト測定及びマネジメントの内容を最終投資家に対して情報提供しています。

市場の成熟度合いを見てみると、日本については「これから成長していく段階」との回答が多く、グローバルの「順調に成長している」に比べると、これからの段階であることが確認できます。

世界46カ国の合計で約1720のインパクト投資家がいるとされており[2]、GIINの調査は294のインパクト投資家からの回答をもとに分析されています。以下、市場の特徴をまとめます。

● インパクト投資は途上国を拠点に行われているものと思われがちですが、実はインパク

図表 2-1　国内外におけるインパクト投資残高の規模

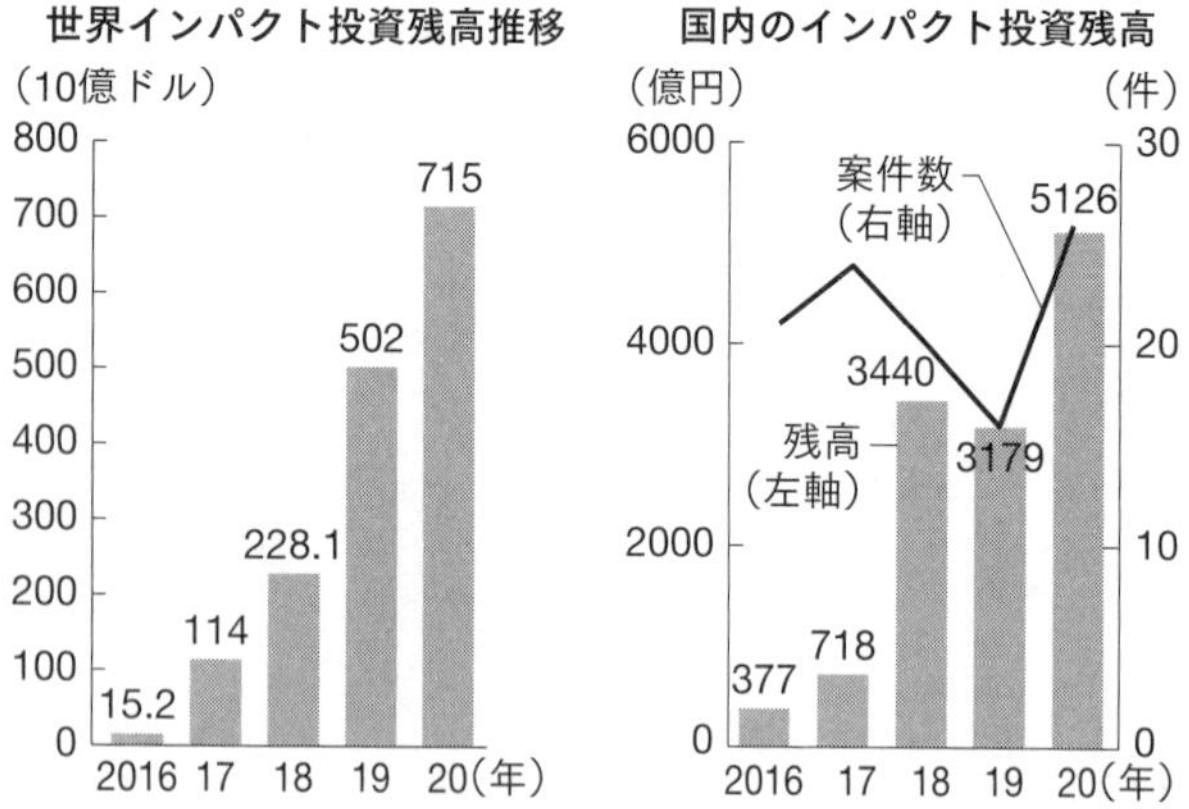

［出所］ 2020 Annual Impact Investor Survey（Global Impact Investing Network）https://thegiin.org/research/publication/impinv-survey-2020

［出所］ 日本におけるインパクト投資の現状と課題 -2020 年度調査（GSG 国内諮問委員会、2021/4/6）http://impactinvestment.jp/user/media/resources-pdf/gsg-2020.pdf

ト投資家の約77%は本拠地を先進国に置いています。内訳として、約45%が北米、26%が欧州にあります。

●投資家のうち60%以上は資産運用者（プライベート・エクイティ、ベンチャー・キャピタル、資産運用会社を含みますが、銀行は含みません）で、13%が財団、国際開発金融機関3%、ファミリーオフィスが4%です。銀行や信金などの金融機関は5%と少ないです。

図表 2-2　市場の成熟度合い

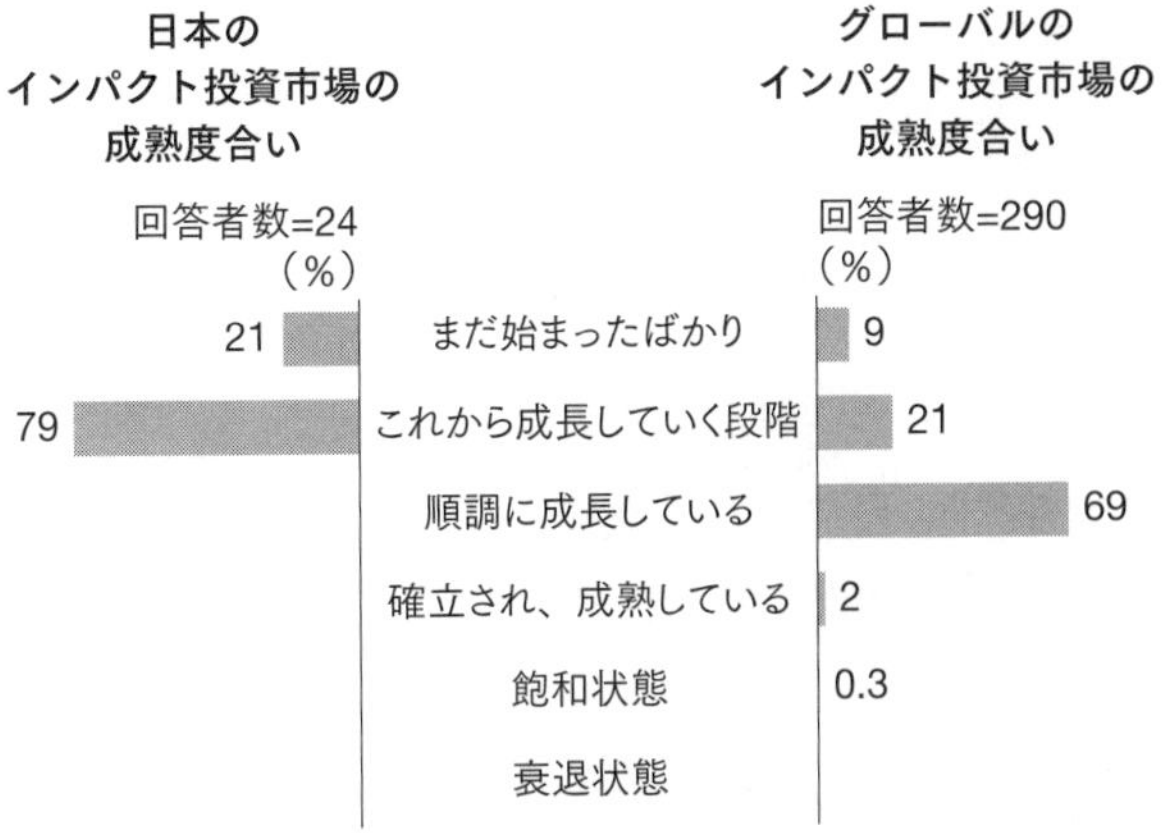

［注］「インパクト投資に関するアンケート調査（2020年）」（GSG国内諮問委員会）及び「GIIN Annual Impact Investor Survey 2020」を基に作成 - 対象設問「問D5. 日本のインパクト投資市場の現況をどのように認識されていますか。最も当てはまるものを1つお選びください。（単回答）」

［出所］日本におけるインパクト投資の現状と課題 -2020年度調査（GSG国内諮問委員会、2021/4/6） https://impactinvestment.jp/resources/report/20210406.html

- インパクト投資家のうち61%はインパクト投資の専門機関で、残りは一般的な投資も行なっています。
- 投資家の総運用資産の分布を見ると、平均542百万米ドルですが、中央値は37百万米ドルと、多くの小型投資家とごく一部の大型投資家がいることがわかります。
- 約半数のインパクト投資家は10年前から参入していますが、25%の投資家は20年以上前から取り組んでいま

図表 2-3　投資家の運用資産分布

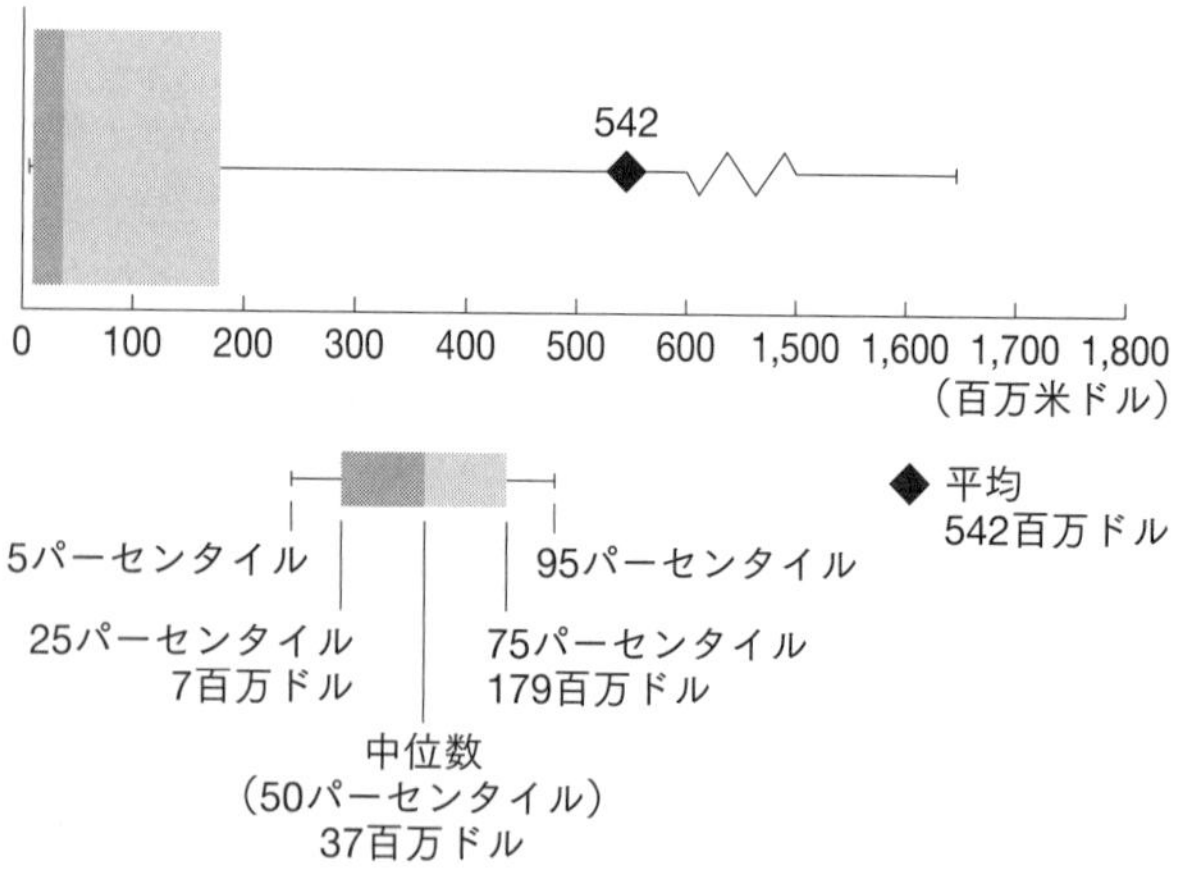

［注］　総運用資産データが判明している組織（回答者数＝865）が対象で、2019年末時点での直接投資が行われたもののみを含む。残りの組織（回答者数＝863）については、仮定を用いて総運用資産の数値を推定している。

［出所］　2020 Annual Impact Investor Survey（Global Impact Investing Network）
https://thegiin.org/research/publication/impinv-survey-2020

す。先進国に本拠地を置く多くの投資家は２０００年よりも前に参入しています。10年以内に新しく参入した投資家のうちの69％が小規模な投資家です。

●投資案件を見てみると、２０１９年には、２７９の投資家が、合計４６８億米ドルを９８０７案件に投資しました。

●投資家の種類別に投資金額（中央値）を見ると、国際開発金融機関が最も大きく２７３百万米ドルで、次いで年金基金が２４１百万米ドル、保険会社が２２０百万米ドルとなっています。アセットオーナー（詳細は第5章）が業界を牽引していることが分かります。[3]

●２０１５年からインパクト投資に取り組んでいる投資家に着目すると、件数は４８８５件から７０１４件、投資金額は１４２億米ドルから２２６億米ドルと増加しており、市場が急拡大していることが分かります。

●インパクト投資家のうち、37％が資産運用者に委託して運用しており、１８６の資産運用者が１２５０億米ドルのインパクト資産を運用しています。資産運用者の平均投資額は6億７３００万米ドルで、中央値では８９００万米ドル弱です。

●資産運用者への委託者は、年金基金や退職金基金が全体の18％を占めますが、意外と多いのが個人で16％を占めています。委託者に財団を含む資産運用者は60％にのぼり、委託者に富裕層、ファミリーオフィスを含む先はそれぞれ56％、51％あります。

図表 2-4　資産運用者への委託者

左側は、受託者の総運用資産に占める割合（%）回答者数＝184（総運用資産は940億ドル、外れ値2機関を除く）
右側は、各投資家タイプからの資金を受託している回答者の割合（%）回答者数＝186

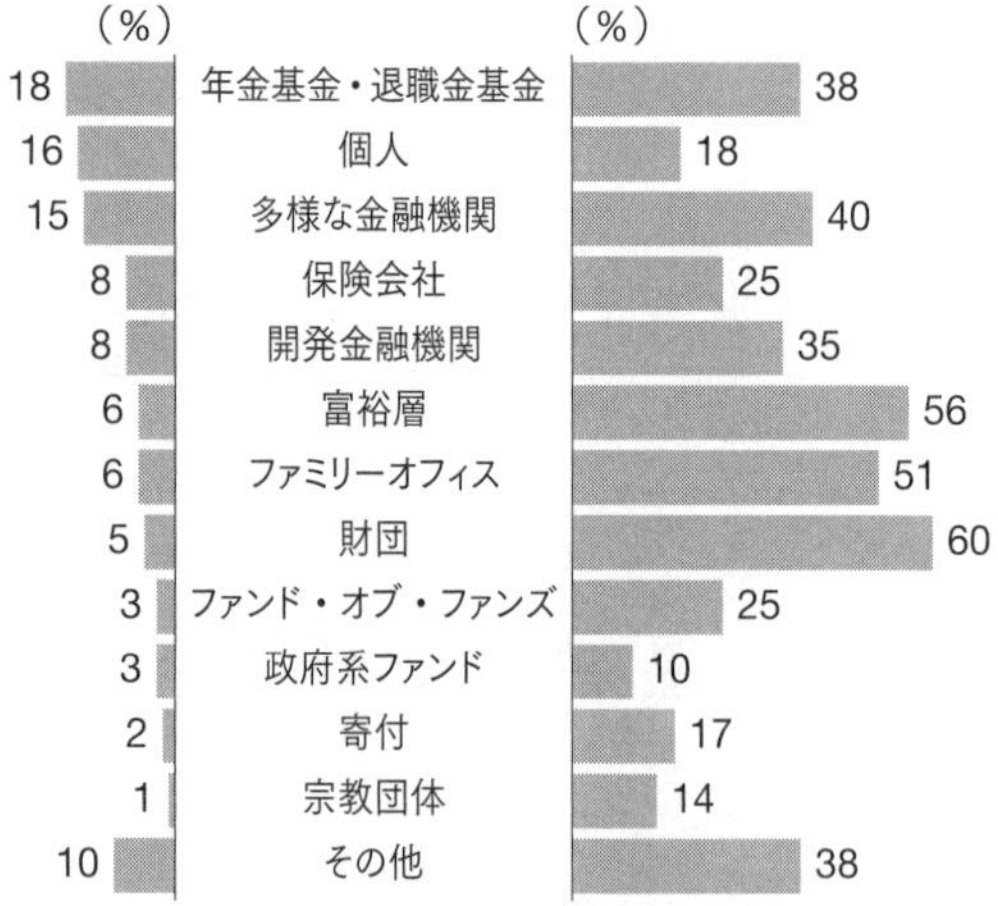

［注］「その他」には、政府資金、企業、労働者基金、投資コンサルタント会社、大学、非営利団体などがあります。ここであげている委託者の種類と一致する内訳を提示できなかった回答者もいた。これらの回答は、「その他」に含まれています。
［出所］ 2020 Annual Impact Investor Survey (Global Impact Investing Network)
https://thegiin.org/research/publication/impinv-survey-2020

2　投資先の特徴と概要

(1)　運用資産の半数が先進国への投資で、アジアが注目されている

インパクト投資家は世界中に投資をしていますが、総資産の55％は先進国向けです。一部の巨大なインパクト投資家を外れ値として取り除くと、最も投資されているのは北米（米国及びカナダ）で、次いで欧州になります。アジアは総運用資産の14％ですが、２０１５年から２０１９年では、日本を含む東アジア及び東南アジアへの投資の伸びが年平均成長率23％と欧州に次いで大きくなっています。今後の5年間についても回答者数の52％は東南アジアへの投資を増やしていくとされています。

(2)　ファンドの規模や投資戦略により取り上げる課題が異なる

インパクト投資家が環境的課題と社会的課題のどちらを取り上げるのかはファンドの規模や戦略に応じて異なりますが、特徴はあります。社会的リターンをより重視する投資家の半数以上が社会的課題のみを取り上げているのに対し、金銭的リターンをより重視する投資家

では25％に留まっています。これは、社会的課題は原因が複雑で利害関係者が多く、持続可能なビジネスモデルを構築するまでに時間がかかるなどの要因で投資リスクが高いと考えられているためと思われます。さらに、大規模な資金を運用している投資家では社会的課題のみを取り上げる割合は17％に留まりますが、中小規模の投資家は社会的課題のみを目標として掲げている割合が40％と高くなります。

(3)　人気のセクターはエネルギー、食・農業、ヘルスケア、水・衛生

総運用資産の16％はエネルギーセクター、12％はマイクロファイナンスを除く金融サービスに向けられています。食及び農業は総運用資産の9％に過ぎませんが、回答者の約60％が何らかの投資をしており、今後は増えていくものと見立てられています。ヘルスケアも同じく人気のセクターです。2015年から2019年では、水・衛生セクターへの金額の伸びが最も顕著で、年平均成長率33％に達しています。

(4)　上場企業への投資金額が最も大きく、レイター期へ投資する投資家の割合が大きい

企業への投資を金額で見ると、成熟期の企業に最も多く振り向けられています。回答者の

図表 2-5　セクター別投資金額

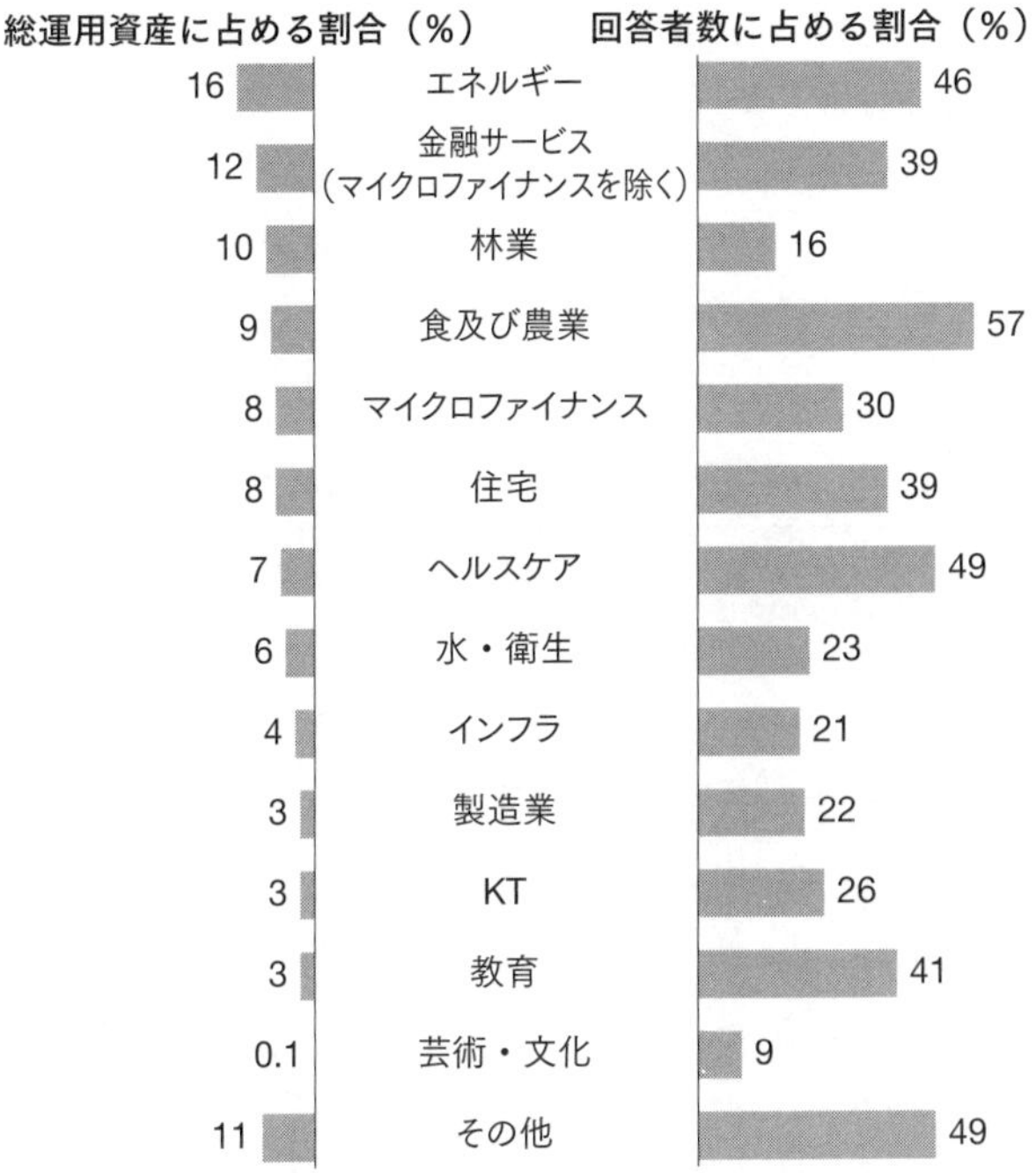

［注］　その他には、不動産、観光、地域開発、小売、セクターにとらわれない投資などが含まれる。
［出所］　2020 Annual Impact Investor Survey（Global Impact Investing Network）
https://thegiin.org/research/publication/impinv-survey-2020

図表 2-6　企業成長ステージごとのインパクト投資金額

回答者数＝53
（百万米ドル）

成長ステージ	2015年	2019年	年平均成長率
成熟期の上場企業	5,993	21,278	37%
アーリー	940	2,095	22%
成熟期の非上場企業	7,142	11,914	14%
レイター	6,234	10,374	14%
シード	691	380	−14%
合計	21,001	46,040	22%

［出所］ 2020 Annual Impact Investor Survey（Global Impact Investing Network）
https://thegiin.org/research/publication/impinv-survey-2020

76％がレイター期のスタートアップに投資をしています。投資金額ベースで2015年から2019年の年平均成長率を見てみると、成熟期の上場企業に対する投資金額が最も大きく、年平均成長率が37％になっています。社会課題をビジネスで解決している企業というとスタートアップのイメージが強いのですが、成熟期の企業においても取組みが進められており、その取組みが評価されて投資されている点が興味深いです。

(5)　融資や非上場債券、上場株式、非上場株式が活用されている

投資家はさまざまなアセットクラスを通じてインパクト投資をしています。融資や非上場債券、上場株式、非上場株式が最も活用されています。一部の

図表 2-7　アセットクラス別投資金額等

左側の総運用資産に占める割合は外れ値を除く。回答者数＝289、総運用資産＝2,210億米ドル
右側の回答者数の割合は、回答者数＝294で複数回答可

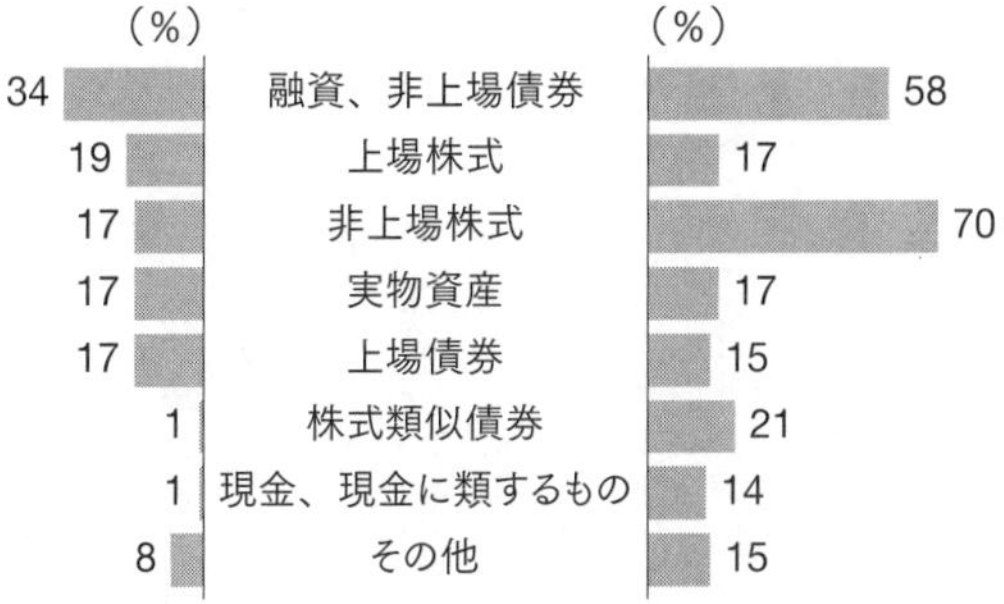

［注］「その他」には、保証、メザニンファイナンス、ソーシャル・インパクト・ボンドなど、ソーシャル・アウトカム契約が含まれます。
［出所］ 2020 Annual Impact Investor Survey（Global Impact Investing Network）
https://thegiin.org/research/publication/impinv-survey-2020

巨大なインパクト投資家を外れ値として取り除くと、回答者数でみると、非上場債券が総運用資産の21％を占め、上場株式が19％になります。非上場株式が最もよく活用されており、70％は非上場株式に投資をしています。上場株式については17％と、一部の機関が集中的に行っていることが明らかになっています。

3　金銭的及び社会的リターンとリスク

(1)　67％の投資家が市場利回りを求める

インパクト投資家は金銭的リターンと社会的リターンを並行して追求しますが、どちらのリターンをどの程度重視するかは、最終投資家の意向、投資戦略により異なります。現在のグローバルなインパクト投資家の傾向を見てみると、全体の67％が金銭的なリターンをより重視する、つまり市場利回りを求める投資家との結果が出ています。インパクト投資をしているのは一部の富裕層などであり金銭的リターンを求めない寄付と同じ感覚で行っているのではないか、という印象をお持ちの方にとっては、驚きの数字かもしれません。運用資産の大きい投資家の90％は市場利回りを求めるのに対し、小規模な投資家の場合には55％となっています。運用資産が大きいということは、様々な最終投資家から資産を預かっているということなので、当然のことかもしれません。ほとんどの国際開発金融機関や民間の金融機関は市場利回りを求めますが、ファミリーオフィスや財団は元本の保全に近いリターン、つまり金銭的リターンよりも社会的リターンを重視する傾向にあります。

図表 2-8　金銭的リターンと社会的リターン

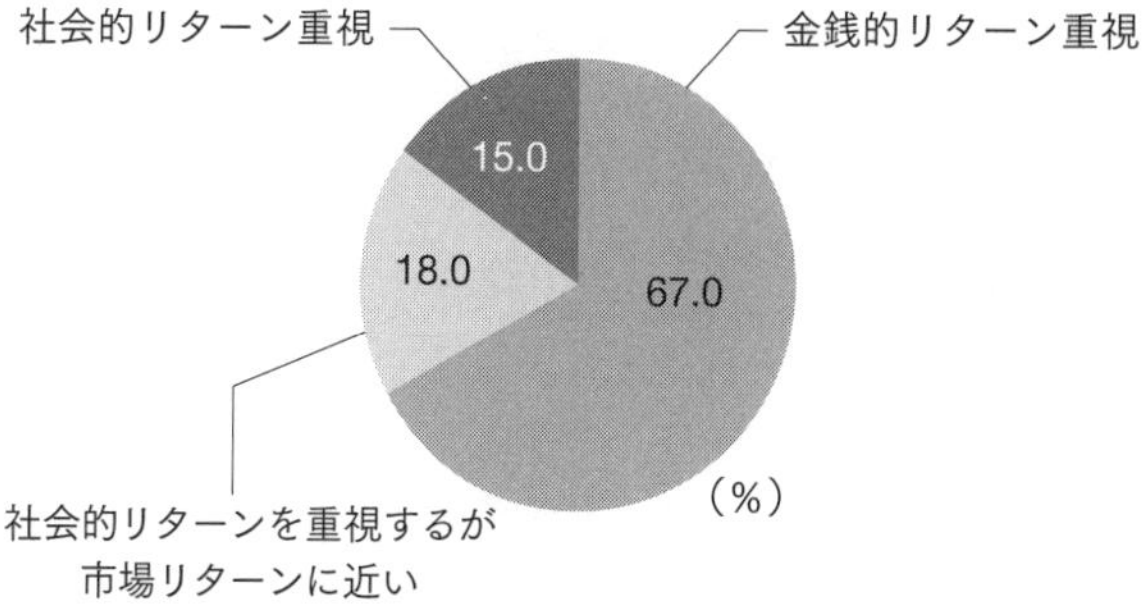

［出所］2020 Annual Impact Investor Survey（Global Impact Investing Network）
https://thegiin.org/research/publication/impinv-survey-2020

(2) 期待値と実績値の比較

投資家の68%が金銭的リターンの期待値に沿った実績を出したと回答しており、さらに20%は金銭的リターンの期待値を上回る実績を出しています。一方で社会的リターンについては、78%の回答者がインパクトの期待値に沿った実績を実現できたとしています。金銭的リターンの期待値を下回っていると答えた回答者は12%いましたが、インパクトの期待値を下回っていると答えた回答者はわずか1%でした。

次に金銭的リターンの実績値を見てみます。プライベート・エクイティでは、金銭的リターンをより重視するファンドが、平均収益率が16%～18%と高くなっています。

図表 2-9 非上場市場での投資開始時から実現した平均収益率（グロスベース）

回答者数は各バーの上部に表示。インパクト投資開始年は1956～2019年の間に分布し、中央値の年は2011年。

平均値はダイヤモンドの脇に記載。誤差バーは標準偏差±1で表示。

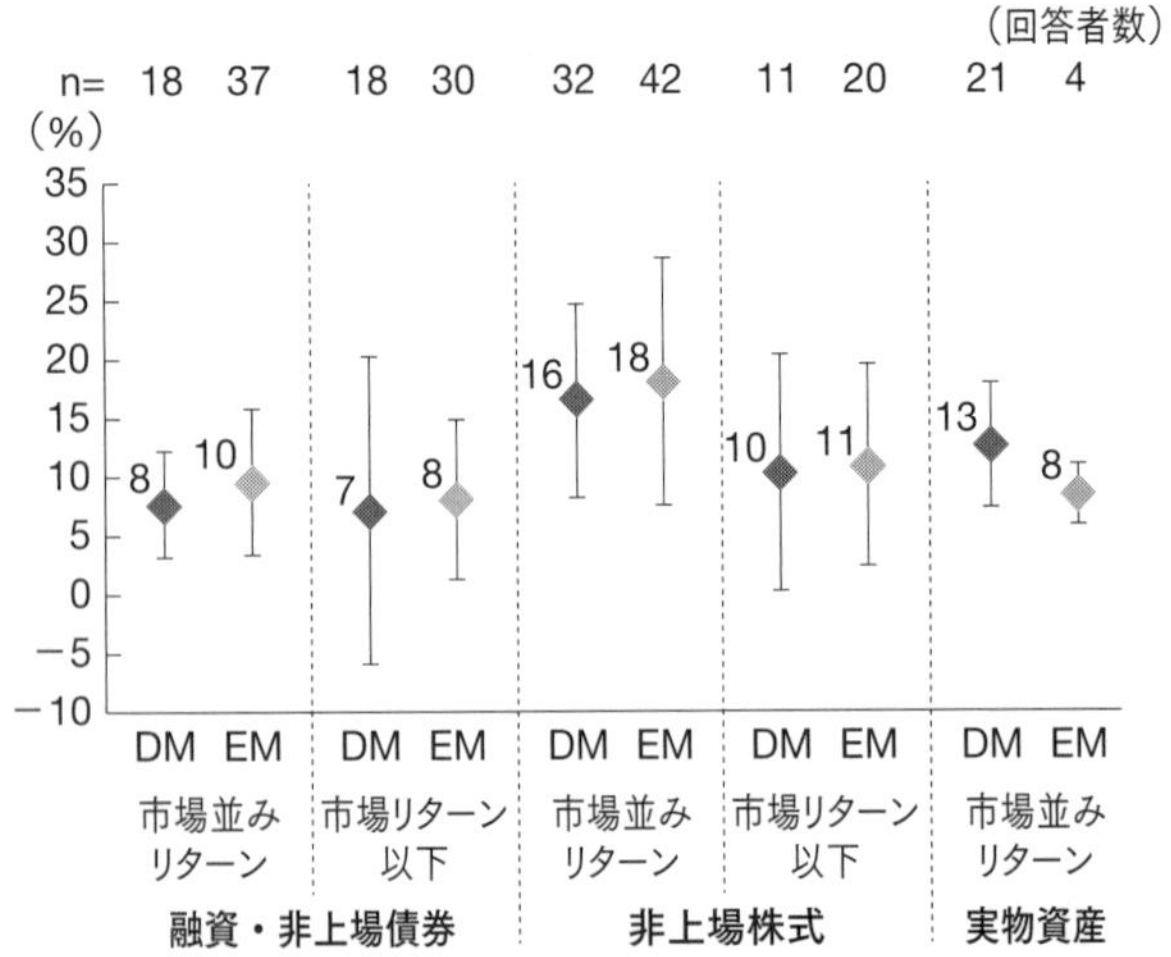

［注］ DM は先進国市場、EM は新興国市場。
［出所］ 2020 Annual Impact Investor Survey（Global Impact Investing Network）
https://thegiin.org/research/publication/impinv-survey-2020
日本語版概要（GSG 国内諮問委員会）
http://impactinvestment.jp//user/media/resources-pdf/theGIIN_2020_JPN_FIN.pdf

(3) ビジネスモデルの実行及びマネジメントリスクが最大のリスク

期待値と実績値の乖離を生み出すリスクについて、73％の投資家は、「流動化及びエグジットリスク」と「ビジネスモデルの実行及びマネジメントリスク」を中程度以上のリスクとして挙げています。新興国に投資をしている投資家の58％は、「国及び通貨リスク」を高または中程度のリスクと回答しています。社会的リターンに対するリスクについては、約3分の2の投資家は「エグゼキューションリスク（活動が計画どおりに実施されずアウトカムが得られない不確実性）」が中程度以上と回答しています。

図表 2-10　どのリスクが期待値と実績値の乖離を生み出すのか

回答者数は各バーの上に表示されています。「わからない」と答えた一部の回答者は含まれていません。「重大なリスク」を選択した人の割合でランキングしています。

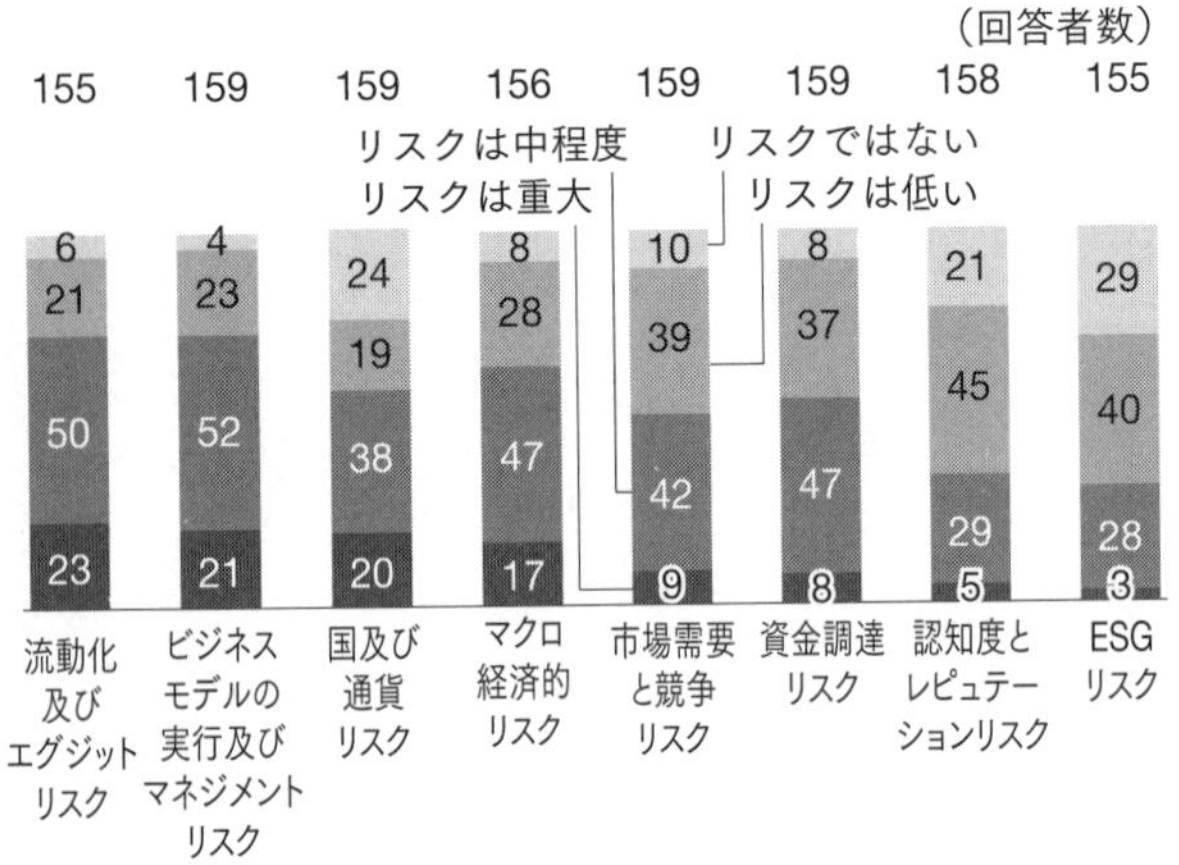

［出所］ IMPACT INVESTING DECISION-MAKING: INSIGHTS ON FINANCIAL PERFORMANCE（Global Impact Investing Network）
https://thegiin.org/research/publication/impact-investing-decision-making-insights-on-financial-performance

COFFEE BREAK

どのようにして投資判断時に、金銭的リターンに係る評価と社会的リターンに係る評価を統合させるか
――インパクト・フロンティアーズ エグゼクティブ・ディレクター　マイク・マクレス氏

どの程度、金銭的リターンや社会的リターンを求めるかはインパクト投資家の投資戦略によって異なります。インパクト投資家が投資を決定する際には、期待される金銭的なリスクとリターン、社会的なリスクとリターンについて別々に評価されます。多くの投資家は投資候補先のインパクトの観点でまず評価し、その中から期待される金銭的なリターンが一定の基準に達している案件を選択します。しかし、このやり方では、最も効率的なポートフォリオを構築することができず、同一のリスクでもっと高い金銭的リターンや社会的リターンを実現できる可能性を残してしまいます。そこで、グローバルで代表的なインパクト投資家13社が集まり、投資ポートフォリオの金銭的及び社会的リターンを最適化するための新しい手法を開発しました。この取組みは、米国のインパクト投資ファンド、ルート・キャピタルからインパクト・マネジメント・プロジェクトに移行したもので、金融論でいう「効率的フロンティア」から名前を取ってインパクト・フロンティアと名付けられました。第1回のプログラムに参加した投資家はその学びを投資家向けガイドブックにまとめました。インパクト・フロンティアーズは現在、ガイドブックの実践方法やベンチャーキャピタルなど個々のアセットクラスに特化した新しい手法の開発、投資家が知識を共有するためのコミュニティを提供しています。日本を含む世界の50以上のインパクト投資家が参加しています。

ポイント

- グローバルな市場規模の算定はGIINが、日本の市場規模の算定はGSG国内諮問委員会が実施しており、グローバルなインパクト投資の市場規模は約75兆円で、日本は5000億円程度である。
- 約70％の投資家が社会的リターンよりも金銭的リターンを重視している。
- 大多数の投資家は、金銭的リターン及び社会的リターンの期待値をそれぞれアウトパフォームしている。

注

1 https://thegiin.org/research/publication/impinv-survey-2020#charts
2 回答者は、①少なくとも1000万米ドルのインパクト投資資産を運用している、②少なくとも5件のインパクト投資を行ったことがある、のいずれかの条件を満たしている。GIINはインパクト投資の定義に基づき、回答者による自己申告による。
3 アセットオーナーと資産運用者で二重計上されないよう、アセットオーナーのうち資産運用者に委託している分については数値が差し引かれている。

第3章

インパクト投資がなぜ今、本格化しているのか

インパクト投資が現在本格化している理由として、私は次の3つの変化に注目しています。

1 科学技術の進化

初めに、インパクト投資を受けた、代表的なスタートアップを1社紹介したいと思います。[1]

(1) ケニアの貧困層向け私立学校ビジネス

2005年、カリフォルニア大学バークレー校の博士課程に在籍していたシャノン・メイ氏は教育機関向けのソフトウェア開発会社の社長をしていたジェイ・キンメルマン氏と中国でフィールドワークをしていました。現地の小学校で英語を教えていたメイ氏は、教育環境の悪さと職員の無関心さに「誰も子供たちのことを考えていない」とショックを受けました。中国での現状に問題意識を持ったものの、規制環境の制約があったことから、彼女たちはサブサハラ・アフリカに場所を移し調査を続けました。彼女たちは、ケニアにおける学習率の低さに驚きました。ケニアに公立学校も私立学校もありますが、私立学校は年間2万米ドルもの高額な費用がかかるうえに提供している教育の質も一定ではありません。公立学校にも、教師の質の低さなど課題が山積みでした。学校教育の質が十分な状況ではないことから、多くの生徒が中学2年生になっても文字を読むことも数字を数えることもできません。彼女たちは、この問題を解決するために、2008年にブリッジズ・インターナショナル・アカデミーという企業をケニアで設立し、2009年には同社の初となる学校、ブリッジズ・アカデミーを創設しました。これがナイロビでの貧困層向けの私立学校の始まりです。

この私立学校にはたくさんの工夫がされています。1つ目は、学校ではありますが、非営利ではなく、営利目的の会社という形態にこだわりをもって創業されたことです。メイ氏らは教育問題という大きな課題に立ち向かうためには、課題解決に資するサービスを立ち上げ、それを他の地域に展開しビジネスとして拡大させる必要があると考えました。キンメルマン氏は、「私たちの学校がうまくいっていると、保護者たちは授業料をきちんと払い、他の地域の人たちから学校を作ってほしいといわれるようになります。もし学校がうまくいっていなければ、保護者たちは子供を学校に行かせませんし、私たちは収入を失うことになります。そういったことにならないように、顧客からのフィードバックをもらいながらサービスを改善し、それをスピーディに展開させたいと考え、営利企業という形態をあえて選びました」と話しています。非営利団体であっても事業収益をあげながら規模を拡大することは理論上可能ですが、ある調査によると、米国において30年の間、事業収益をゼロから50百万ドルまで拡大させた非営利団体はたったの201団体しかありませんでした。営利企業であれば、同じ期間に何万社も成功しています。この事例でも、営利企業の方が事業拡大には有効であるとの判断がなされました。

2つ目には、デジタル化による管理とコストの最適化です。それまではアナログで学校運営についての管理がされていましたが、同社は徹底的にデジタル化しました。例えば、教師の出欠確認は、教師に支給されたタブレット端末で専用ソフトウェアを使います。教師は学校に到着するとタブレットを使って学校のWifiでチェックインをします。遅刻や欠席があった場合には本社に自動通知される仕組みになっています。また、教師がやむを得ず欠席する場合には、代理の教師への連絡も自動で送信されるようになっています。

3つ目は、教育内容の標準化及び品質管理です。同社のカリキュラムは、ケニアや米国の教育専門チームにより作成されており、教師が教室で読む原稿まで準備しています。教材が国の定める水準に満たしているか、また社会的・文化的に適切かについても確認していきます。この台本に沿って、各学校の教師は全く同じ言葉で全く同じ時間を使って子供たちに話します。この台本自体もタブレットで管理されており、必要な修正や更新は電子的に行われるようになっています。

もちろん、デジタル化することによる弊害もあります。同じ内容を一元的に教育すれば、現場にあった工夫がされません。この点については、生徒の大半がスポーツや舞台芸術、音楽などの課外活動に従事したり、教師用のガイドの一部には、生徒の読み書きや計算能力に応じて一人ひとりを指導するテーラーメイドのプログラムを多数用意するなど、「子供の創造性を奪うことにはならない」工夫がなされています。

このように、ブリッジズの創業者たちは、学校運営にかかる業務支援システムや教師向けの研修、教材などを徹底的にデジタル化しました。その結果、同社は地元の私立学校よりも70%低い価格設定に成功し、国語と算数において公立学校の生徒たちよりも高い成績をおさめています。ケニアから始まった同社は、インド、ウガンダ、ナイジェリアでの展開に成功し、創業以来75万人に教育の機会を提供しています。この企業に投資したインパクト投資家は、オミディア・ネットワークという、米国シリコンバレーに拠点をおく、とても有名なインパクト投資ファンドです（詳細は第5章）。それ以外にもフェイスブックの創業者が設立したチャン・ザッカーバーグ・イニシアティブといったインパクト投資ファンドや、ベンチャー・キャピタルのコースラ・ベンチャーズなどが出資しました。

このようにこれまではアナログであったり、内容の標準化がされていなかったりと他の地域への展開には制約があった課題解決のアイディアも、昨今の目覚ましい科学技術の発展により、展開できるようになりました。科学技術を環境的・社会的課題の解決に意図を持って活用することを、インパクトとテクノロジーを掛け合わせて〝インパクト・テック（Impact Tech）〟と呼ぶこともあります。[2] 課題解決の再現可能性が高まったことで、事業を拡大できるようになり、その結果として、投資家も、十分なリターンを確保できると見込んで投資できるようになったことが大きな変化といえます。

2　多様な担い手の参入

「インパクト投資」という概念を初めて提唱したのはロックフェラー財団で、それは2007年のことでした。概念が登場するまでの長い歴史はありますが、共通言語として提唱されてからまだ10年程度しか経過していないことはこの分野の新しさを表していると思います。当時のインパクト投資は、ＢＯＰ（Base of the Pyramid、当時の定義では年収

〈SDGs別　活用可能性のあるテクノロジー一覧[3]（抜粋）〉

SDGs	テクノロジーやサービス例
1　貧困をなくそう	●金融包摂のためのモバイル・コネクティビティ ●貧困層の身分証明や土地の所有権などを記すデジタル記録 ●災害リスクを低減させる技術
2　飢餓をゼロに	●持続可能な農業のためのアグリテック ●小規模農家の生産性や生活の向上を目的とした、天気や土壌分析などを専門とするデジタルテクノロジー ●収穫から流通までの間に発生する廃棄物を減らしたり、食物を長持ちさせたりする技術 ●人類を持続的に養うための植物由来や細胞由来の新たなタンパク源の生産技術、栄養価の高い食材や作物の開発
3　全ての人に健康と福祉を	●デジタルヘルスによる予防医療 ●マラリアなどの感染症や、がんなどの慢性疾患を早期発見するための診断機器やAIツール ●疫学、医学研究、精密医療のためのビッグデータ分析と機械学習
4　質の高い教育をみんなに	●途上国を始めとする世界各地における遠隔教育、個別学習プラットフォームやMOOCsなどの生涯学習プラットフォーム ●VRなどの新しい学習媒体
5　ジェンダー平等を実現しよう	●女性が街を安全に移動したり、性犯罪者を通報するためのアプリ ●不妊治療に関するデジタルサービスとテクノロジー製品
6　安全な水とトイレを世界中に	●循環型廃水処理、分散型排水システムなどの水の浄化技術 ●下水道が整備されていない都市部での排泄物を再利用する水を必要としないトイレ ●農業、工業、住宅分野における水効率の高い技術やリモートセンシング、衛星画像、水追跡技術を用いた水供給管理

（次ページに続く）

SDGs	テクノロジーやサービス例
7　エネルギーをみんなにそしてグリーンに	●従量制ソーラーなど、世界の貧困層のエネルギーへのアクセスを強化するソリューション ●再生可能エネルギーの高度化、持続可能な燃料の開発など
10　人や国の不平等をなくそう	●手頃な価格の義肢装具など障がい者の生活を向上させる支援技術 ●情報へのアクセス、教育、仕事、医療、社会的包摂、安価な送金支援など、難民のためのデジタルソリューション
12　つくる責任つかう責任	●小売店や消費者による食品廃棄物削減のためのソリューション ●倫理的なサプライチェーンを証明するブロックチェーン記録などの責任ある小売技術 ●個人向けインパクト投資プラットフォーム、クラウドファンディングなど、持続可能な消費のためのフィンテック
13　気候変動に具体的な対策を	●回収された炭素の建築材料、燃料、プラスチックなどへの利用 ●食品廃棄物や動物性食品の割合を減らし、再生可能な農法を採用した脱炭素型農業 ●循環型経済の拡大、化石由来の原料の持続可能な代替品への置き換えなどの産業の脱炭素化 ●低炭素建築材料の改善などの建物の脱炭素化
14　海の豊かさを守ろう	●海洋、湖沼、河川のプラスチック汚染を除去する海洋浄化技術 ●海洋生分解性素材などの循環型モデルによる海洋プラスチック対策 ●人工衛星などを用いた漁業の監視、水中ドローンやロボットを用いた海洋生物への脅威（侵入種、汚染、海洋酸性化など）の検知による海洋生物多様性の保護 ●養殖システムの改善、植物由来・細胞由来の魚など、持続可能な水産物のソリューション

3000米ドル以下）という、所得が最も低く人口の多数を占める層や、新興国においてそれよりは高い所得を得ていても十分なサービスを受けられない層に対して、サービスを提供するビジネスへの投資が多く、国際開発金融機関、[4]財団や富裕層などが主要な投資家でした。[5]

こうした初期段階を経て、最近では環境的・社会的課題への関心の高まりやビジネスの機会になり得ることなどが相まって、投資家や関連サービスを提供する会社（まとめて「プレーヤー」ということにします）が増えました。ここでは、資産を保有するプレーヤーと他社から受託して投資をする機関の2種類に分けて紹介したいと思います。資産を保有するプレーヤー（アセットオーナー）の役割は、インパクト投資の世界においても一般的な資本市場の世界と同様、財団、保険会社、年金基金、個人が担っています。資産の委託を受けたり、時には自己資金で運用したりする機関には、こちらも一般的な資本市場と同様に主に非上場株式を対象に投資をするプライベート・エクイティやベンチャー・キャピタル、[6]主に上場株式や債券に投資をする資産運用会社があります。その他には国際開発金融機関、商業銀行、事業会社、アクセラレーター[7]といったプレーヤーがいます。

詳細は第5章で具体的な事例とともに紹介しますので、ここではなぜ多様なプレーヤーが現れると投資業界が活況になるのか述べます。例えば、今この本を読んでいるあなたがあるコンサートのチケットを持っていたとします。ところが、仕事が入ってしまって、残念ながら行けなくなってしまいました。あなたはそのチケットを誰かに売りたいと考え、友達や同僚に聞いてみることにしました。その時、あなたの友達や同僚にどういう人たちがいたら売りやすくなると思いますか。あなたがチケットを売りたいと思った時に、周りにいる人が誰一人としてそのアーティストを好きでなかったら誰も買ってくれません。もし周りにいる人が全員あなたのチケットを買いたいと思っていたら、あなたは売却価格を高く設定して、最も高く買ってくれる人を選ぶことができるでしょう。でももし、買いたいと思ってくれた人が全員1万円以上払いたくありません、といったらどうでしょうか。あるいは、あなたが購入した席にあなたの提示する金額を払いたくないかもしれません。買ってくれる人の中で、誰かが、あなたと同じアーティストが好きで、あなたの指定した席を、あなたと合意できる金額で買ってくれる必要があります。要するに、買ってくれる人たちの間で嗜好のバラエティーがあると、あなたの売却できる確率が高くなるということになります。

以上はものすごく単純化した事例ですが、これは市場も同じです。インパクトを創出している企業が新しい商品開発のために資金調達をしたいと思い、投資家を探しにいくことにしました。資金調達をしたいと思ったその時に、企業の将来性とリスクを適切に評価し、企業が望むスキームで応じてくれる投資家を探すのは相当大変です。また別の時に企業がその時置かれている経営状況に基づいて投資をしてもらいたいと思ったとします。たくさんの企業がそれぞれの希望に沿うような資金調達をしたいと思った時、投資家がまずたくさんいて、さらにそれぞれリスクリターンに対する選好の種類が異ならないと、企業の希望のかなう確率が下がってしまうことになります。

インパクト投資でも選好の異なる投資家がいることはとても重要なことです。例えば、財団や国際開発金融機関と、プライベート・エクイティなどの民間の金融機関では、インパクト投資に対して追求する点が異なります。一概にはいえませんが、一般的に財団や国際開発金融機関は、社会的インパクトを創出することをより重視する傾向にあるので、金銭的リターンを十分に確保できる不確実性が高くても、そのリスクをとって投資することができます。また、注目する社会課題や投資スキーム、投資地域も異なることで、多様な起業家の需要を満たすことができるのです。多様な投資家が増えることで、企業は成長する資金を確保することができ、成長が持続的になるとともに、社会課題がより解決されることになります。

3　インパクトの観点での評価手法の標準化に向けた議論の進展

ここまでに、投資家が環境的・社会的課題を解決するという意図をもって投資することがインパクト投資の生命線であること。また、社会的リターンの測定及び管理をＩＭＭと呼ぶことを紹介しました。インパクト投資が生み出す金銭的リターンと同様に、社会的リターンについても可視化することで初めて投資家の意図が実現できたかどうかを測ることができます。

かつてＩＭＭは、投資家によって異なる手法がとられていたり、考え方が整理されていなかったり、一部の投資家にノウハウが蓄積されている状態でした。ところがこの10年でその状況が変わりました。ＧＩＩＮによるインパクト投資家調査によると、過去10年において進展した分野として、98％の回答者が「インパクトの測定及び管理方法の高度化」をあげています。

国際開発金融機関やインパクト投資家ネットワークが今までの実務で得た知見を取りまとめ、民間の金融機関も使えるようプリンシプル等を公表し始めたことで一気に議論が進展しました。ここでは代表的な原理・原則を紹介します。原理・原則は、金融機関がインパクト投資の全体的な設計をする際に活用されているものです。現時点においてこれらのうちどれを採用するかについて、明確な棲み分けがあるわけではありませんが、私の経験では、株式を通じたインパクト投資をしている投資家は、インパクト投資の運用原則に依拠していることが多いように思います。具体的なインパクト測定・マネジメントの方法については第4章で紹介します。

(1)　インパクト投資原則（Impact Principles）

２０１８年ごろ、実際はインパクトを創出していないにもかかわらず創出しているかのように見せたり、IMMを実施していなかったりという「インパクト・ウォッシュ」の事例が増え、インパクト投資市場の発展を脅かす事態になりつつあることに対する問題意識が高まりました。当時、PRIなど参考にできる原則はいくつかあったものの、インパクト投資をいかに実践するかという運用指針がなかったため、国際開発公社（IFC）が、JPモルガンやクレディスイスなどでファンド・マネージャーを15年以上務めたダイアン・ダマスキー氏のリーダーシップのもと、スタッフ4人でチームを組み、IFC内の投資原則や様々な会議、ラウンドテーブル、1対1の話し合い等を参考に運用原則を作成しました。2019年4月時点では58の投資家が署名し、その数は2021年現在、135に伸びています。日本からは、JICAや三菱UFJ銀行が署名しています。この原則はファンドの資金調達から投資先のエグジット・売却まで一連のインベストメントチェーンにインパクトの考えを組み込めるフレームワークを提供しています。ファンド・マネージャー経験を持った人物がリーダーシップを取り、業界関係者と対話を重ねながら開発されていることから業界での評判が良いようで、私が関わってきた調査ではこの原則に基づいて投資プロセスを設計している投資家が多いことが分かっています。

署名をすると、各原則が投資プロセスにどのように組み込まれているか、また各原則との整合性がどの程度あるかを毎年開示することが求められます。本原則の大きな特徴は「定期的に独立した検証を行うこと」が入っている点です。客観性の担保をIMMの標準化の重要な要素と考えていることが見て取れます。

現在は、IFCから独立した組織がインパクト投資原則の管理及び推進をしています。

図表 3-1　インパクト投資原則

戦略上の意図	組成とストラクチャリング	ポートフォリオマネジメント	エグジット時のインパクト
1.戦略的なインパクト目標を、投資戦略に沿って定義すること。	3.インパクトの実現に対するマネジャーの貢献を明確にすること。	6.各投資のインパクト実現への進捗度を、予想に照らしてモニタリングし、それに応じ適切な対策を取ること。	7.インパクトの持続性への影響を考慮しながら、エグジットを実行すること。
2.戦略的インパクトは、ポートフォリオ単位で管理すること。	4.各投資から予想されるインパクトを、一貫したアプローチに基づき評価すること。		8.投資の意思決定とプロセスをレビューし、文書化し、さらに、実現したインパクトと得られた知見に基づいて、改善すること。
	5.各投資がもたらしうる、潜在的なネガティブ・インパクトを評価、対処、モニタリングおよび管理すること。		

独立した検証

9.本運用原則との整合状況を開示するとともに、整合状況について、独立した検証を定期的に実施すること。

［出所］　インパクト投資原則
https://www.impactprinciples.org/

(2) ＳＤＧの成果を伴う投資：５つの枠組み（Investing with SDG Outcomes: A Five-Part Framework）

２０２０年に、第1章で紹介したＰＲＩが策定されました。ＰＲＩは、国連が２００５年に公表した、機関投資家向けの投資原則です。特に投資を通じてＥＳＧについて責任を全うする際に必要な６つの原則を明示しました。機関投資家は原則への署名をすると、原則への取組み状況を開示することとなっています。

一方で、ＳＤＧｓに焦点を充てている「ＳＤＧの成果を伴う投資：５つの枠組み」はＰＲＩによるもともとの６つの原則とは異なるものです。ＳＤＧと連動したインパクトの創出を志向する投資家のために５つのポイントを中心とするものになっています。ＰＲＩの６つの原則への署名機関は３８１６機関ありますが、「ＳＤＧの成果を伴う投資：５つの枠組み」は署名制となっていないため、どの程度の投資家により活用されているかは分かりません。

図表 3-2　SDG の成果を伴う投資：5つの枠組み

PRIは、投資が現実社会にもたらす結果を理解し、その結果をSDGsに沿って形成しようとする投資家に対して、5つの項目からなる枠組みを提案しています。

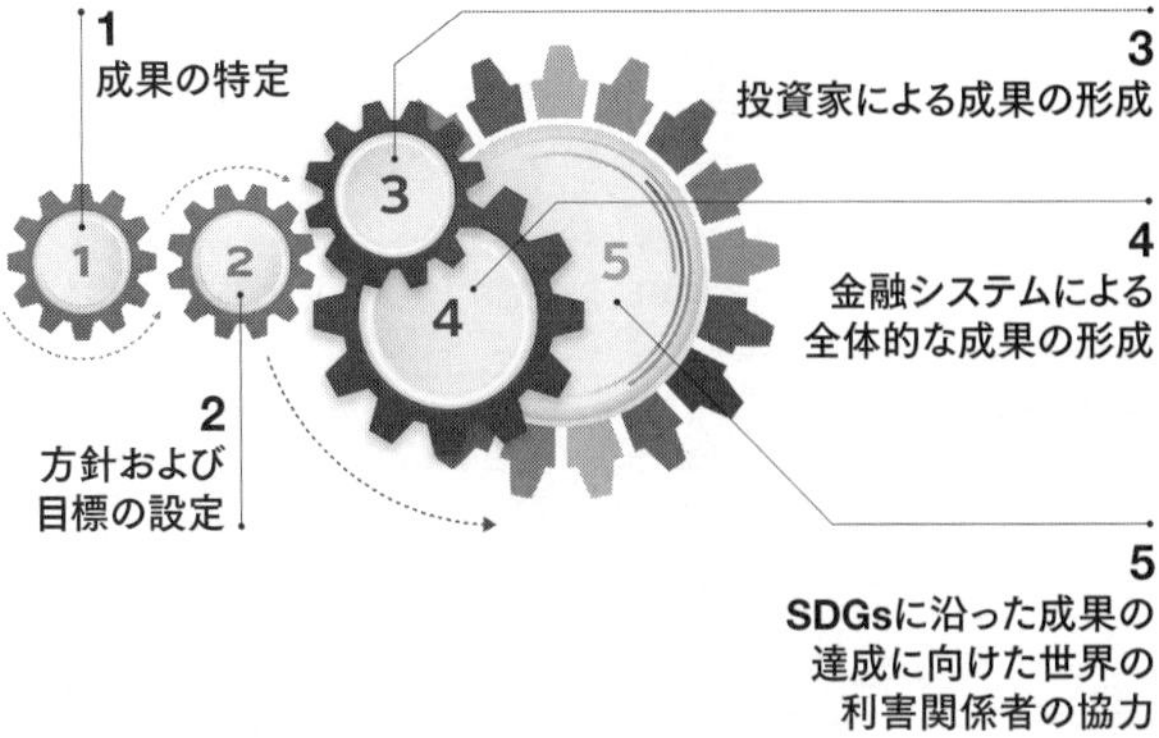

［出所］ SDG の成果を伴う投資：5 つの枠組み (PRI)
https://www.unpri.org/download?ac=11519

(3) ポジティブ・インパクト金融原則（The Principles for Positive Impact Finance）

2017年に国連環境計画・金融イニシアティブが開発したものです。特に銀行、監査法人・格付機関を対象に適用されています。署名制度は取っていません。

図表 3-3　ポジティブ・インパクト金融原則[8]

原則	内容
定義	●ポジティブ・インパクト金融はポジティブ・インパクト・ビジネスのための金融である。 ●それは、持続可能な開発の3つの側面（経済、環境、社会）のいずれかにおいて潜在的なマイナスの影響が適切に特定され緩和され、なおかつ少なくともそれらの1つの面でプラスの貢献をもたらすことを意味する。 ●持続可能性の課題を総合的に評価することにより、SDGsにおける資金面での課題に対する直接的な対応策の1つとなる。
フレームワーク	●ポジティブ・インパクト金融を実行するには、事業主体（銀行、投資家など）が、それらの事業活動、プロジェクト、プログラム、および/または投融資先の事業主体のポジティブ・インパクトを特定しモニターするための十分なプロセス、方法、ツールが必要である。
透明性	●ポジティブ・インパクト金融を提供する主体（銀行、投資家など）は透明性の確保と情報開示が求められる。 ●ポジティブ・インパクトとして資金調達した活動、プロジェクト、プログラム、および/または投融資先の事業主体の意図したポジティブ・インパクトについて（原則 1に関連）適格性を判断し、影響をモニターし検証するために確立されたプロセスについて（原則2に関連）、資金調達した活動、プロジェクト、プログラム、および/または投融資先の事業主体が達成したインパクトについて（原則4に関連）
評価	●ポジティブ・インパクトの評価は、実際に達成された影響に基づいて行われるべきである。

COFFEE BREAK

個人も参加できるインパクト投資

日本クラウドキャピタルは、個人投資家向け株式型クラウドファンディングプラットフォーム、“ファンディーノ”を提供しています。代表取締役COO大浦学さんと執行役員CMO向井純太郎さんにお話をお聞きしました。

――どのような個人投資家が貴社サービスを利用していますか

向井さん：ユーザー数は約7.5万人で、30~40代が7割を占めています。投資の目的は、「投資先企業を応援したいから」が大多数を占めています。Z世代やミレニアル世代は社会課題解決に大きな関心があります。

大浦さん：投資家がどの程度リスクを許容できるのか審査をしています。投資経験のある人や一定以上の金融資産がある方に限定しています。

――インパクト企業に注目は集まってますか

大浦さん：SDGsの解決を掲げる企業が結構あり、相談も増えてきています。ウェブサイトにインパクト企業の特集も組みました。SDGsを掲げる案件の方が平均資金調達が一般企業よりも500万円高くなっています。

向井さん：掲げる課題が身近なものが多いです。例えば、ウェル・ビーイング、生活や働く環境の向上に資するものです。その他にも障がい者雇用の創出や、脱炭素を掲げるものもあります。

――貴社は今後、どのような取組みをしていきたいですか

大浦さん：私たちの扱う企業は非上場企業なので、投資家が出資を通じて得た株券を手放したいと思っても売却できる場がありません。これは市場の発展にとって大きな問題です。IPOやM&Aを目指さない、インパクト企業の成長も支えられるよう、投資環境の整備に積極的に取り組んでいきたいと考えています。

ポイント

- 様々なテクノロジーの発達により、課題解決の再現可能性が高まったことで、ビジネスをスケールさせることができるようになった。
- 多様な需要に応えられる投資家が増えることで、投資先に対して成長資金が提供されるようになった。その結果、企業成長が持続的になるとともに、社会課題がより解決されるようになった。
- 国際開発金融機関やインパクト投資家ネットワークが今までの実務で得た知見を取りまとめ、民間の金融機関も使えるよう原則等を公表し始めたことで、ＩＭＭの手法が一気に広がった。

注

1 Impact Investment Profile Investor Omidyar Network, Investee Bridge International Academies(GIIN)https://thegiin.org/research/profile/bridge-international-academies Bridge vs. Reality(Bridges International Academies, 2016/12)https://www.bridgeinternationalacademies.com/wp-content/uploads/2017/01/BridgeresponsetoEIBridgevs.

RealityFinal.docx.pdf
The Mission: Teach 10 Million Kids--and End Poverty(Inc., 2014/4/23)https://www.inc.com/audacious-companies/leigh-buchanan/bridge-international-academies.html
Bridge International Academies Launches Affordable Schools(Omidyar Network, 2009/12/8)https://omidyar.com/news/bridge-international-academies-launches-affordable-schools-in-kenya/

2 The Frontiers of Impact Tech (Good Tech Lab)　SDGsごとにどのような科学技術を活用できるか整理されている。https://medium.com/good-tech-lab

3 The Frontiers of Impact Tech (GoodTechLab) https://medium.com/good-tech-lab

4 途上国の貧困削減や持続的な経済・社会的発展を、金融支援や技術支援等を通じて総合的に支援する国際機関の総称です。全世界を支援対象とする世界銀行と各所轄地域を支援する4つの地域開発金融機関を指します。アジア・太平洋地域を対象とする国際開発金融機関として、アジア開発銀行があります。（財務省ウェブサイトhttps://www.mof.go.jp/policy/international_policy/mdbs/index.html）

5 Impact Investments An emerging asset class (J.P. Morgan, 2010/11/29) https://thegiin.org/assets/documents/Impact%20Investments%20an%20Emerging%20Asset%20Class2.pdf

6 広義の意味でのプライベート・エクイティ投資は、ベンチャー・キャピタル投資など、非上場企業の株式の取得・引受を行う投資行為を全て含みますが、通常は、立ち上げ期のベンチャー企業への小規模な投資をベンチャー・キャピタル投資と呼び、プライベート・エクイティ投資は成長・成熟期の企業に対し比較的大規模な資金を提供する、または株主に売却機会を提供する投資手法をさします（一般社団法人　日本プライベート・エクイティ協会　https://jpea.group/private-equity-faq/）

7　アクセラレーターは、教育、メンターシップ、資金調達を通じて、アーリーステージにある成長志向の企業を支援するものです。スタートアップは、一定の期間、コホートの一員として、メンターシップを受けながらビジネスモデルをブラッシュアップさせていきます。プログラムの最後には、「デモデー」というイベントが催されることが多く、各社が自社紹介をします。優秀な企業に対してアクセラレーターが投資をすることもあります。米国では、ワイ・コンビネーターやテック・スターズというアクセラレーターが有名です（What Startup Accelerators Really Do, Harvard Business Review, 2016/3/1) https://hbr.org/2016/03/what-startup-accelerators-really-do

8　インパクトレーダー　包括的な分析のためのツール　ポジティブ・インパクト金融実施ガイド（UNEP-FI, 2018/11) https://www.unepfi.org/wordpress/wp-content/uploads/2018/12/PI-Impact-Radar_J.pdf

第4章

どのようにしてインパクト測定・マネジメントが行われているのか

インパクト投資をインパクト投資たらしめているのはインパクト測定・マネジメント（IMM）の実行といっても過言ではないぐらい、とても重要な議論です。投資家がインパクト投資を実行する際にインパクトの観点で評価を行い、投資実行後もそれは続きます。

1　IMMがどう役立つのか

非上場株式に投資をするベンチャー・キャピタルやプライベート・エクイティ、上場株式や債券への投資も行う資産運用（アセットマネジメント）会社は、資産運用者として最終投資家から預かった資金を運用します。保険会社や年金などのアセットオーナーと呼ばれる投資家や個人投資家は、最終投資家としてこうした資産運用者を経由するか、あるいは自ら投資先の株式などを通じて投資します。株式に出資・投資する人（資産運用者）が、他人（最終投資家）の資金を預かっている場合には、最終投資家が金銭的リターンと並行して、社会的・環境的インパクトを生み出す意向があることが、インパクト投資の出発点です。資産運用者は、最終投資家の意向に沿ってインパクト投資を実行します。最終投資家や資産運用者の意向を、インパクト投資では、投資家の意図（インテンショナリティ）と呼んでいます

（第1章参照）。

(1) 最終投資家のインパクトの意図の実現を確認する手段としてのＩＭＭ

資産運用者は、最終投資家の意図に沿って投資戦略を立案します。その際、投資先が事業性や社会性の観点でどのような目標を達成すれば良いのか、投資後に投資先による達成状況はどうなのか、投資判断時に評価する必要があります。金銭的リターンを財務的に評価するように、社会的リターンを評価するためにＩＭＭを実施します。投資先の事業において創出されたインパクトを過大に見せることは、「インパクト・ウォッシュ」と呼ばれ、最終投資家の意図のみならずインパクト投資業界全体の信頼性を損なうものでもあり、資産運用者、投資先だけでなく業界全体にとって最大のリスクといわれています。ＩＭＭを実施することが、インパクト・ウォッシュを防ぐ重要な手立てです。

(2) 事業経営者にとって、事業改善に役立つＩＭＭ

ＩＭＭはインパクトを意図する最終投資家及び資産運用者からの要請に応じて実行されるものですが、投資をうける事業会社の事業経営の観点でも役立つと考えられています。自社の生み出すインパクトのうち、どれが重要で、その結果はどうなのか、どのようなデータを集めると良いのか、これらの質問に答えるのが、まさしくＩＭＭです。事業経営者は、ＩＭＭを実行することで、自社のインパクトの結果を「見える化」し、その結果をもとに取組みの改善を行うことができます。

(3) 投資家との対話に活用できるＩＭＭ

第5章で詳しく説明しますが、インパクト投資家は投資先のインパクト創出に貢献することが求められています。ＩＭＭに関する情報を、株主を始めとする利害関係者と共有することで、多様な視点を取り入れながら企業価値向上に役立てることができます。

ＩＭＭをする理由

①資産運用者が、最終投資家のインパクトの意図の実現度合いを測るため
②事業経営者が、社会的・環境的インパクトを把握し、事業改善に役立てるため
③利害関係者と事業経営者が、ＩＭＭの結果をもとに対話をし、企業価値向上を図るため

2　事業に注目：IMMの実施方法

私がこれまで実施した国内外の調査からは、投資家は「インパクト投資原則」（第3章参照）に基づき投資プロセスの全体設計をしていることが多く、共通言語となっていることが分かりました。ここでは、その「インパクト投資原則」や、私が共同で執筆にあたった「インパクト測定・マネジメント実践ガイドブック」[1]（GSG国内諮問委員会）などを参照しながら、基本的なやり方を紹介します。

(1)　原理・原則に基づき投資プロセスを全体設計する

投資プロセスの全体設計は以下の4つのステップで検討します。原理原則は投資プロセスにインパクトの要素をどのように入れ込むか示唆を提供しています。

4つのステップ
①投資戦略を策定する
②ファンドの組成・ストラクチャリングをする
③モニタリング・エンゲージメントをする
④投資先株式の売却判断をする。さらに、最終投資家に実績を報告する

検討する主体は、最終投資家から運用を受託する資産運用者に所属するファンド・マネージャー（運用担当者）になります。年金基金や財団等のアセットオーナーなど、最終投資家が直接投資を実行する場合には自らが検討します。前者においても資産運用者はアセットオーナーの意向を反映して運用しますので、アセットオーナー及び資産運用者がコミュニケーションを取りながら全体設計をしていくことになります。なお、個人投資家向けの投資信託の場合には、資産運用会社のファンド・マネージャーが検討をすることになります。次にどのようにしてインパクトの要素を投資プロセスに組み込んでいくのか、ステップごとに詳しく見ていきます。

①投資戦略を策定する

ファンド・マネージャーやアセットオーナーが投資を通じてどのように環境的・社会的課題の解決に貢献したいのかを検討することから投資戦略の策定は始まります。重要な点は2つあります。

1　インパクト・テーマ及びゴールを設定する

投資戦略策定にあたっては、投資を通じて解決したい環境的・社会的課題（インパクト・テーマといいます）を設定します。策定の段階で、テーマを特定し、将来どういう状態が理想なのかという見通しを持つことが極めて重要です。例えば、SDGsの中から「飢餓をゼロに」を選択した場合に、持続可能な農業や栄養価の高い食物の生産を手がける企業を選んで投資をするということだけでは不十分です。投資家は、今ある課題がどのようになったら理想的なのか、その理想の状態になるまでどのような道筋をつけて投資を通じて解決していくのかを検討します。その道筋を示したものを、セオリー・オブ・チェンジ（Theory of Change）といいます。これは、米国で考案された方法で、その検討にあたっては、専門的な分析がされた報告等を参考にしたりしながら、取り上げたい課題を言語化し、それを実現するためにはどのような事業活動が必要であるかを考えていきます。

セオリー・オブ・チェンジ[2]

どのように、なぜ期待される変化が生まれるのかについて包括的な見取り図を表したものをいいます。投資先による事業とそれらがどのように望ましい目標の達成につながるのか、「ミッシング・ミドル」（それらを結びつける中間の部分）をマッピングし、それを補うことに重点を置いているものです。まず望ましい長期目標を特定し、そこから目標を達成するために必要な条件（アウトカム）を特定します。また、これらの条件が互いにどのような因果関係を持つのかについても特定します。

（センター・フォー・セオリー・オブ・チェンジ）

セオリー・オブ・チェンジには固定化された形式があるわけではありませんが、一般社団法人セオリー・オブ・チェンジ・ジャパンはその構造を図表４－１のように表しています。例えば、インパクト投資ファンドの一例である「はたらくＦＵＮＤ[3]」では、世界に先駆けて日本が直面する高齢化とそれに伴う労働人口の減少問題を受けて、長期的に創出を目指す

図表 4-1　セオリー・オブ・チェンジの構造

どんな社会課題（システミック・プロブレム、社会システムの不備）に向き合い」「どういう未来像（『究極成果』）を目指し」「どんな因果関係で社会状況を変化させていくのか」「定量的にどんな目標を掲げるか」を定義する

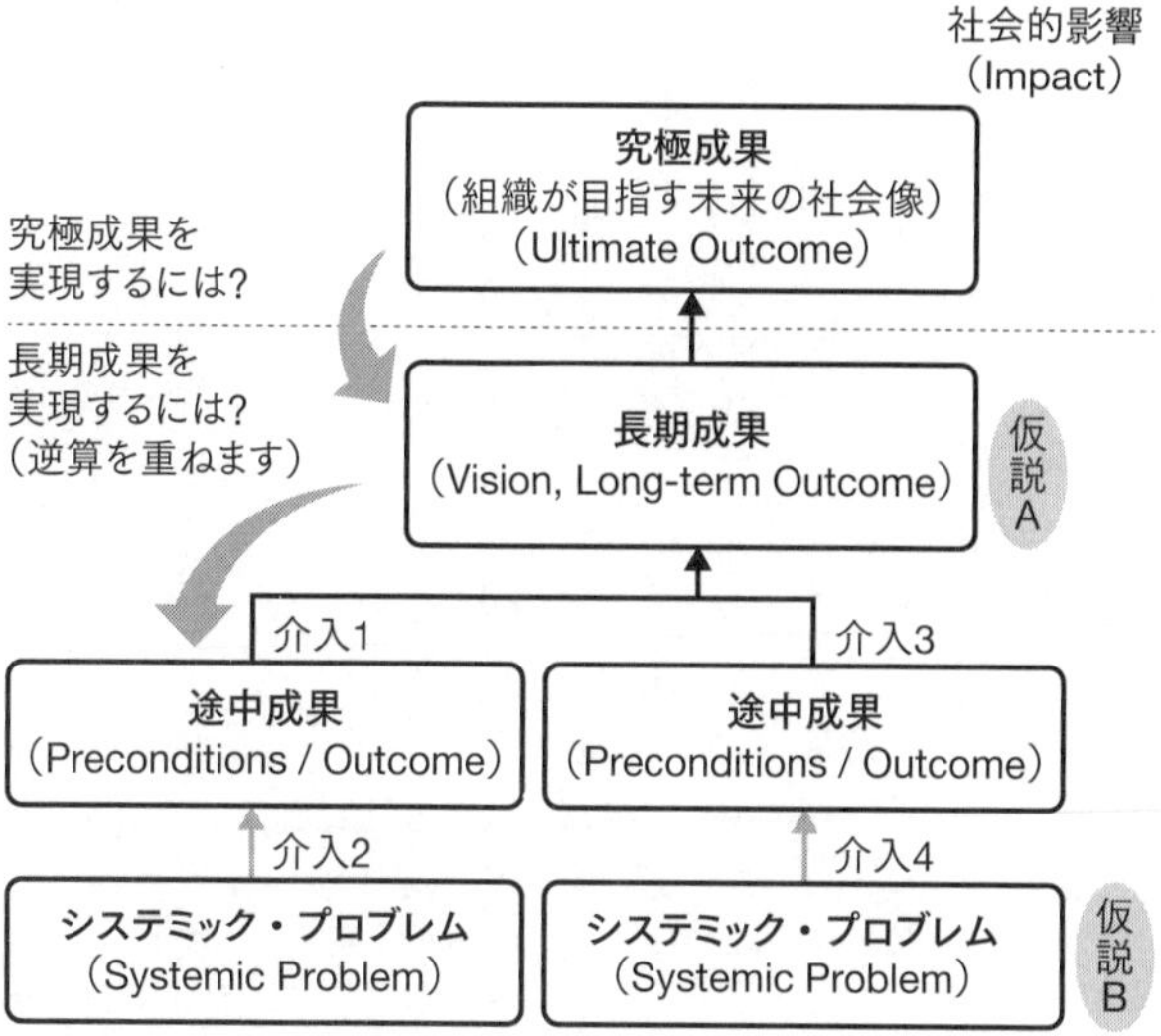

［出所］　一般社団法人セオリー・オブ・チェンジ・ジャパン
http://www.theoryofchange.jp/whatistoc

社会的なインパクトを「多様な働き方・生き方の創造」と定めています。さらに、その実現に向け、投資先を通じ、子育てや介護等のケアの 領域と働き方や次世代人材育成等のワークの領域において、個人の負担軽減や多様性の促進だけでなく、社会における仕組みの充実化を目指しています。

2　金銭的リターンと社会的リターンどちらをより重視するのかを決める

インパクト投資は金銭的なリターンと並行して、社会的リターンを追求する投資です。投資戦略策定にあたり、重要な検討ポイントは、どの程度どちらのリターンを重視するか、もっというと、金銭的リターンに紐づく経済性のリスクをより多く取るのか、それとも社会的リターンに紐づく社会性のリスクをより多く取るのか、という点です。社会性のリスクとは、環境的・社会的課題解決に取り組む事業が社会的リターンをあげるかどうか、当該事業がネガティブなインパクトをもたらすかどうかの不確実性であり、リターンは、社会課題解決に取り組む事業の成功を通じた当該事業の受益者及び社会全体に対する便益をいいます(図表4－2)。

金銭的なリターンと社会的リターンを両立させることは必須である[4]ものの、それぞれどの

図表 4-2　経済性及び社会性のリスクとリターンの考え方

	経済性	社会性
リスク	投資が期待パフォーマンスをあげるかどうか、あるいは投資元本が回収できるかどうか分からない不確実性	社会的事業が所定の社会的リターンをあげるか、当該事業が社会にネガティブなインパクトをもたらすかどうか分からない不確実性
リターン	投資家の拠出した資金に対する経済的リターン（配当、売却益等）	プロジェクトの受益者や社会全体に対する便益

一般的な投資（経済性の枠）
社会的インパクト投資（経済性・社会性の両方を囲む枠）

［出所］　ソーシャル・エクイティ・ファイナンス分科会「社会的インパクト時代の資本市場のあり方」（GSG 国内諮問委員会、2019/5/31）図表4より作成　https://impactinvestment.jp/news/research/20190531.html

程度重視するかはアセットオーナーなどの最終投資家やファンド・マネージャーの意向、解決したい環境的・社会的課題によります。

②ファンドの組成・ストラクチャリングをする

①で策定したインパクト投資戦略に沿った投資を実行できるように、社会的なリターンを測定及び管理する流れをここで設計します。

1　事業のアウトカムを特定する

投資候補先の事業活動がどのようにして、どのようなインパクトを創出しているのかを明らかにします。ここで、分析の対象とする事業が生み出すアウトカム（事業によって生み出される変化）を特定します。アウトカムには、時間をかけないと実現できないものもありますので、短期的、中期的、長期的の3段階で分析することが一般的です。様々なやり方がありますが、「ロジックモデル」という手法がよく見られます。ロジックモデルの事例は、図表4－3をご参照ください。

ロジックモデルとは

事業が成果をあげるために必要な要素を体系的に図示化したものです。一般的なロジックモデルの図は事業の構成要素を矢印でつなげたツリー型で表現され、「インプット」「活動」「アウトプット」「アウトカム」と4つの要素で図示されます。

「インプット」：事業活動（諸活動）等を行うために使う資源（ヒト・モノ・カネ）

「活動」：モノ・サービスを提供するために行う諸活動

「アウトプット」：事業活動によって変化・効果を生み出すために提供するモノ・サービス

「アウトカム」：事業や組織が生み出すことを目的としている変化・効果（社会的インパクト・マネジメント・イニシアティブ）

2　ビジネスが創出するインパクトを多面的に分析する

事業のアウトカムを特定した後、当該事業がどのような（WHAT）インパクトを、誰（WHO）に対して、どの程度（HOW MUCH）生み出し、当該事業がアウトカムにどの程度貢献（CONTRIBUTION）していて、アウトカム創出にどの程度不確実性（RISK）があるのかを分析します。一般的に、IMPが開発した「インパクトの5つの基本要素（5 Dimensions of IMPACT）」という手法に則って①WHAT、②WHO、③HOW MUCH、④CONTRIBUTION、⑤RISKの5つの次元で分析します。

インパクトの5つの基本要素とは

- 「WHAT」：どのようなアウトカムがあるか。そのアウトカムは社会にとってどの程度重要か。SDGs等との目標との整合性は？
- 「WHO」：誰がそのアウトカムを享受するのか。利害関係者は現在、どの程度困っているのか
- 「HOW MUCH」：サービスのスケールはどの程度見込めるか。課題解決の度合いが持続期間はどの程度か

- 「CONTRIBUTION」：予想される変化は、本サービスがなくても起こっていたか
- 「RISK」：想定するインパクトを創出する際に直面するリスクは何か。想定通りのインパクトが起こらなかったとき、社会にとってどのようなリスクが存在するか

（IMP）

例えば、ある事業会社が肥満症という課題に取り組もうとした場合、課題の要因と誰が最も健康上のリスクを抱えているか理解することから始めます。この分析により、特定の地域の低所得者層が世界的に最も肥満リスクを抱えていることが判明したとします。事業会社はこれらの人々が必要としている健康上のアウトカムをもたらすために、どのような戦略が最も効果的なのかを、課題解決の深さ、規模、期間の観点から特定します。また、市場が飽和していないかどうか、既存サービスはどのようなものなのかを評価します。

事業会社はこの分析に基づいて、特定のアウトカムをもたらすことが証明されているビジネスを選択するかもしれないし、証拠が限られているもののビジネスチャンスのある戦略を試すかもしれません。目標の選択は、事業会社の取ることができるインパクト・リスクと事

業会社の求める貢献度によって決定されます。

一方で、投資家は、このフレームワークを投資判断にどう活用するのでしょうか。例えば、A社及びB社へ投資をしているとしましょう。A社は、学校をサボり気味の生徒にやる気を取り戻させるような事業を、B社は、学習障がいがある生徒を支援するための事業を営んでいるとします。どちらの会社も自社のサービスを受ける子供が、習熟度の低いクラスから通常のクラスへの移行率を高めることで、子供たちの学力が向上することをアウトカムとしています。また、2社ともに11歳から16歳の子供たちにカウンセリングを行い、どちらも同じ街で事業を展開しているとします。

Aは事業実施の前後で移行率が50％から85％に上昇し、魅力的な金銭的リターンを創出しています。一方でBは移行率が50％から65％に上昇しましたが、金銭的リターンはそれほど生み出せませんでした。もし投資家が移行率と金銭的リターンに着目して投資をしていたら、Bから手を引く可能性があります。しかし、実は、他の要素もあり得ます。Bの事業が一般的なサービスが届きにくい層を対象としていたらどうでしょうか。この街にはそういった層が多くいて、教育がその後の生活水準に大きな影響をもたらしているとすれば、長い目で見た場合の価値創出においては、Bの方が優れている可能性があります。Bは、時間軸を

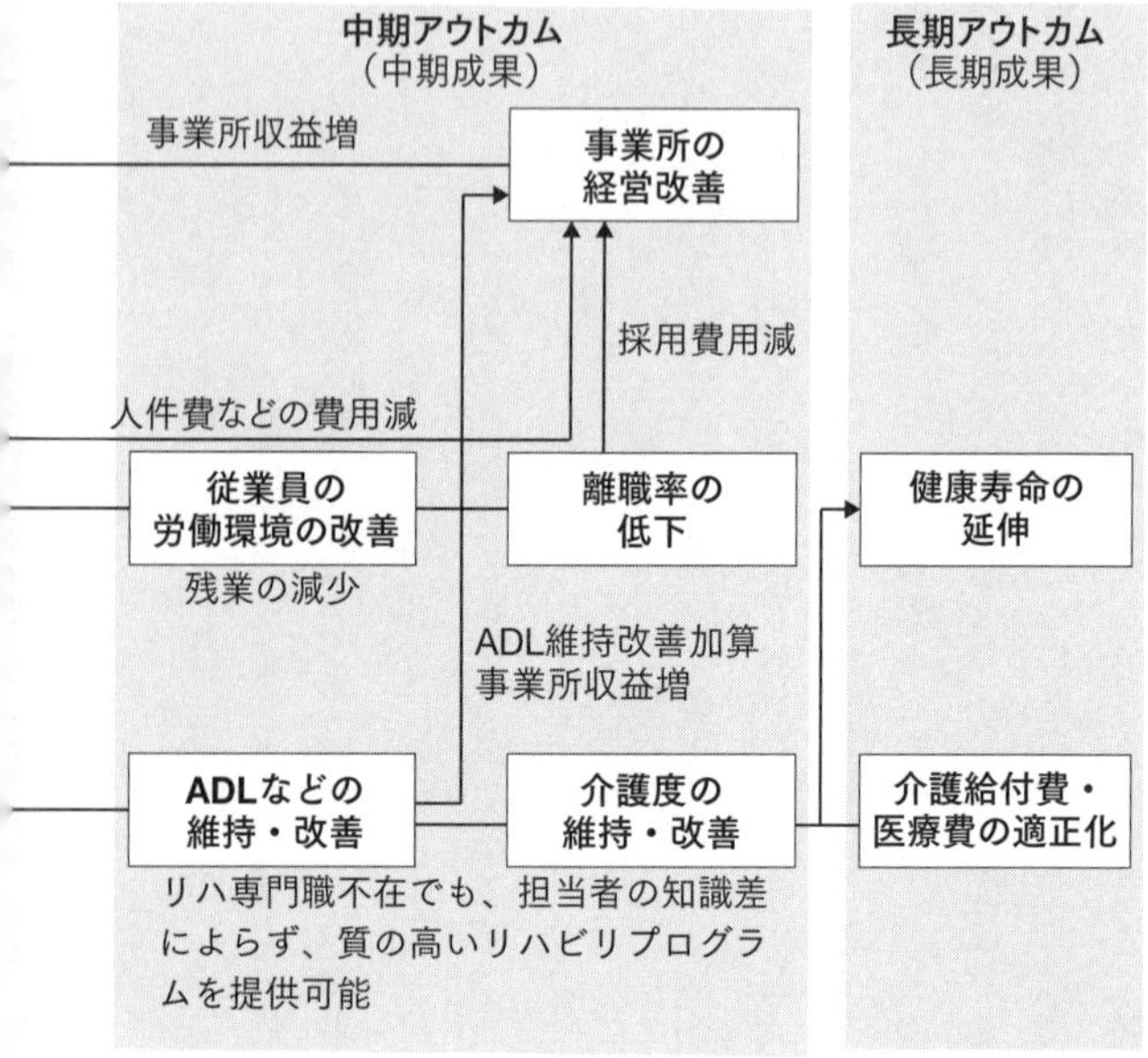
中期アウトカム
（中期成果）
長期アウトカム
（長期成果）
事業所収益増
事業所の
経営改善
採用費用減
人件費などの費用減
従業員の
労働環境の改善
離職率の
低下
健康寿命の
延伸
残業の減少
ADL維持改善加算
事業所収益増
ADLなどの
維持・改善
介護度の
維持・改善
介護給付費・
医療費の適正化
リハ専門職不在でも、担当者の知識差
によらず、質の高いリハビリプログラ
ムを提供可能

図表4-3　ロジックモデルの事例：（株）Rehab for Japanの事例

事業の提供価値

利用者への提供価値

利用者はリハプランを導入している事業所でサービスを受けることで、生活課題や希望に適した機能訓練を受けることができます。また、身体機能やADL（日常生活動作）能力の変化をレポートとして確認することで、自分にあったサービス内容を自ら決定することができます。

事業所にとっての提供価値

現場で利用者に向き合う職員の機能訓練業務の負担軽減や書類作成業務の効率化を促進し、労働環境の改善を図ります。また、リハビリ専門職不在のデイサービス事業所においても、安心して機能訓練加算を算定できるようになることで、自立支援介護の実現に向けた取組みが可能になります。これらにより、事業所のケアの質の向上と経営改善が期待できます。

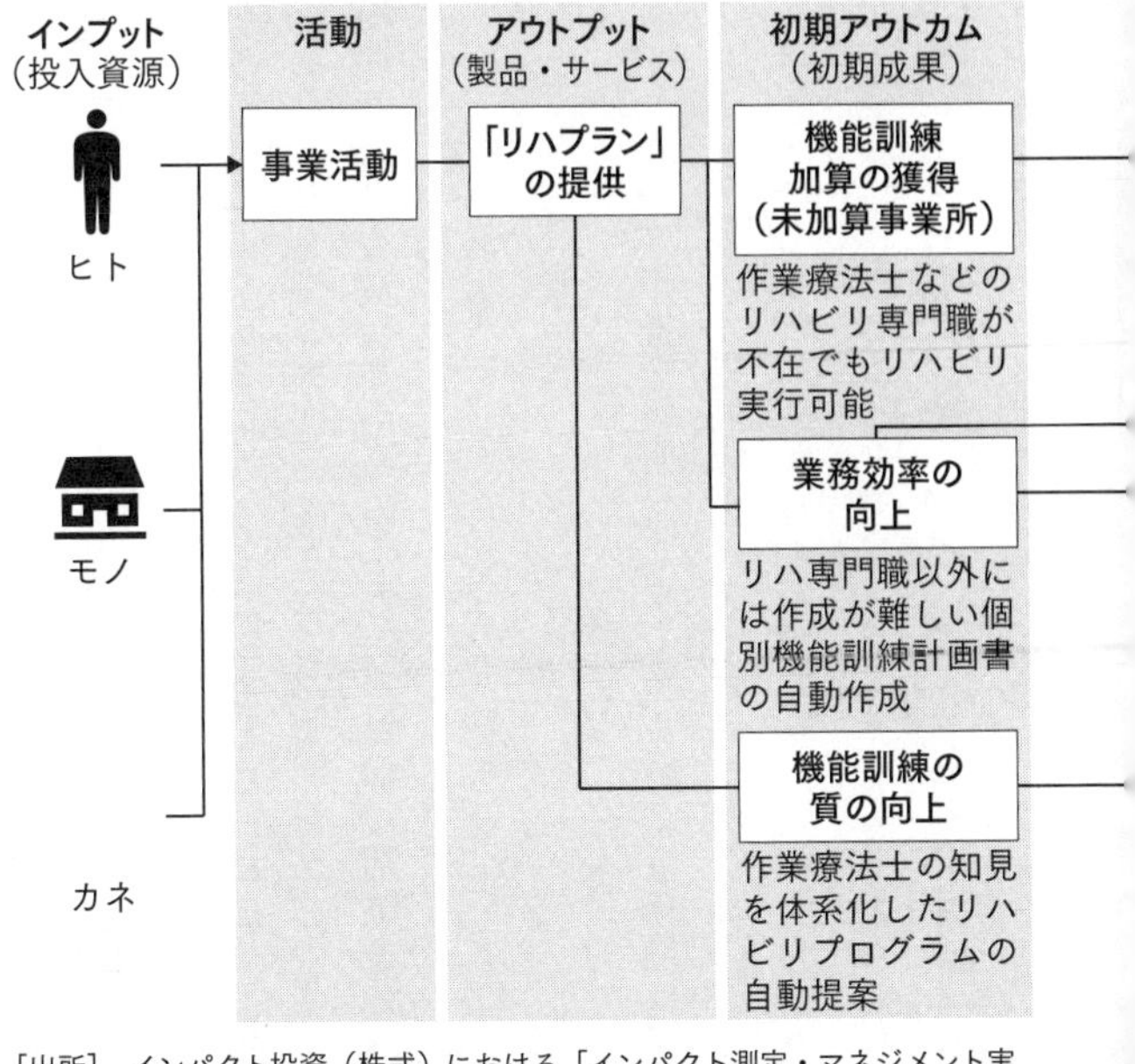

［出所］　インパクト投資（株式）における「インパクト測定・マネジメント実践ガイドブック」（GSG 国内諮問委員会、2021/7/1）
https://impactinvestment.jp/news/research/20210701.html

意識して事業展開の仕方を改善することによって、より高い金銭的及びインパクト実績を生み出すことができるかもしれません。このように事業が生み出すインパクトを多面的に評価すれば、判断が変わってきます。多面的な分析をすることで、サービスの提供数だけではなく、どの程度重要なアウトカムを顧客に提供しているのか、誰が最も社会的に弱い立場にあるのか、当該サービスでなくてもそのサービスを享受することができていたかどうか、特定の顧客層にリーチするためにどの程度リスクを取っているのかといった前後関係を読み取ることができます。[5]

3　インパクト指標を設定する

インパクトの5つの基本要素それぞれを表す指標を設定します。インパクト指標はテーマごとに分かれており、GIINのIRIS+という指標カタログが参考になります。これは現在500以上のインパクト指標がテーマごとに、検索することができる、データベースサービス（無料）です。IRIS+は17のSDGsとそのサブゴールと組み合わせて使用されることが多いです。[6] IRIS+以外にも、投資セクター専門の業界団体等が定める指標を活用していることもあります。

4　インパクトKPIを設定する

指標の中でも重要なものをインパクトKPIと呼び、投資期間中に企業投資先が達成すべき目標値を定め、投資家が確認しています。インパクトKPIは、経済的な目標値と相関するように設定した方が良いとされています。[7]

③モニタリング・エンゲージメントをする

あらかじめ設定したインパクト指標を達成するよう、投資先は事業活動を行います。インパクト投資家は指標の達成状況を定期的に確認します。さらに、投資先のインパクト創出を最大限にするため、投資家は投資先に対し「エンゲージメント」をします。詳細は第5章で紹介しますが、どのように改善していけるのかを議論し、その改善を繰り返すことで、インパクト指標の目標に近づき、創出するインパクトの拡大を目指す過程がエンゲージメントです。その目的は、ポジティブ・インパクトを拡大し、ネガティブ・インパクトの削減に向けた投資先の企業価値向上にあります。

④投資先株式の売却判断をする。さらに、最終投資家に対して報告をする

1　売却判断

インパクト・ファンドによる投資先株式の売却にはかなり大きな議論があります。売却は投資家が決めますが、少しでも高く持分株式を売りたいと考えるのが普通です。一方で、投資先から見れば、新しい株主は、高く買ってくれるからといって、インパクトを重視しているとは限りません。インパクト投資では、投資家は、投資先が創出しているインパクトを継続することができるよう、売却（エグジット）先の選定を慎重に行う必要があるとされており、エグジット先を選定するにあたっての判断基準は、売却価格だけでなく、投資先が創出しているインパクトを理解しそれをさらに拡大させることのできることも重要であり、そのような売却先を検討します。欧米では、このようなエグジットのあり方を「責任あるエグジット（Responsible Exit）」と呼ぶこともあります。

なお、上場株式への投資を通じたインパクト投資の場合には、売却判断の基準はファンドによって様々であり、長期的に保有する方針が多いものの、一定の株価水準や経営目標を継続的に下回った場合には売却する場合もあれば、M&Aなどにより投資先のインパクトがなくなってしまった場合にはポートフォリオから外す場合もあります。

2　最終投資家に対しての報告

インパクト投資は最終投資家や投資家の意図を持って行われる投資なので、金銭的なリターンがどの程度あったのかと同様に社会的リターンについても資産運用者は最終投資家に対して報告する必要があります。社会的リターンの結果をインパクト・パフォーマンスといいます。

インパクト・パフォーマンスを取りまとめる際に、投資先の提供したサービスの顧客数を報告するのでは不十分です。例えば、低所得者向けに栄養価のある食料を開発・提供していたとします。その際、購入者の中で低所得者は何人いたのか、この食料を食べたことによって栄養改善にどの程度役立ったのか分析し、報告することがインパクト・パフォーマンスの考え方の基本になります。投資行動を通じて解決しようとしている環境的・社会的課題がどの程度大きく、それに対して投資先がどの程度貢献したのか。そして投資先の事業がどの程度結果（アウトプット）を出したのかではなく、投資戦略策定時に設定したインパクト・ゴールの実現にどれほど貢献したかという、成果（アウトカム）の視点を取り入れます。これは、金銭的なリターンと並行して、ポジティブで測定可能な社会的・環境的インパクトを生み出すことを意図して行われる、インパクト投資ならではの視点です。

以上が基本的な手法及びプロセスになります。投資家やアセットオーナーの意向により、様々な手法があります。さらに、日々新しい手法が開発されている業界ですので、今後大きく変わる可能性がある旨はご了承いただければと思います。

3 組織に注目：Bコーポレーション及びパブリック・ベネフィット・コーポレーション

第2節で紹介したIMMの手法は、投資先の「事業」が本当にインパクトを生み出しているのかを分析することができるものです。一方で、インパクトあるいは利益に加えて、利害関係者を重視する「組織体制」になっているのかという視点を重視する考え方があります。代表的なものとして、Bコーポレーション及びパブリック・ベネフィット・コーポレーションを紹介します。

(1) Bコーポレーション概要

Bコーポレーションとは、2006年より米国ペンシルバニア州に本拠を置く非営利団体「Bラボ」が運営している認証制度で、「社会や環境のために良いことを実現するためにビジネスの力を活用する全ての起業家のために」をミッションに掲げています。77カ国で4000社以上、ダノンやユニリーバーの子会社なども取得していますが、上場する会社も出てきています。Bコーポレーションという制度をとてもニッチなもののように私は思っていたのですが、シリコンバレーでは一般的に知られていて驚きました。ルルエモンというヨガウェアの販売店舗のショーウィンドウにとても大きくBコーポレーションの認証ロゴマークがありましたし、牛乳やチーズのパッケージにも載っていることもあり、日常生活に入り込んでいることが印象に残りました。

(2) Bコーポレーション認証の仕組み[8]

認証を取得するためには、Bラボに申請する必要があり、Bラボがその申請内容を第三者的に評価します。ガバナンス、従業員、コミュニティ、環境や情報開示といった6つのテーマにわたって200の質問があります。事業会社はBラボのウェブサイトでアカウントを作成し、まず自己評価を行います。これをB－アセスメントといいます。B－アセスメントでは、比較したい他社のデータがBラボにあれば、取組み状況を比較することもできます。もし希望があれば、自己評価をBラボに提出し、200点満点中80点以上獲得できると、Bコーポレーションという認証を取得することができます。

B－アセスメントのアカウント数は10万以上ありますが、そのうち認証を受けたのはスポーツウェアのパタゴニアを始めとする2500社です。パタゴニアは、アスリートのために製品を作ることを理想とする傍らで、私たちが住む地球とコミュニティへの影響を削減する努力を創業当時から熱心に重ねています。パタゴニアは、「そしてこのアウトドアへの情熱が私たちのビジネス、製造する製品、追求する環境イニシアチブとどのように密接に関連しているのかについて明確に伝えるのは時として困難です。」としたうえで、「これらの努力を正式なものとし、私たちの価値観を将来のパタゴニアのビジネスの枠組みに永久的に取り入れるため、私たちはBラボの認証を受けて2011年12月にBコーポレーションとなりました。」と説明しています。

(3) パブリック・ベネフィット・コーポレーション

Bラボが推進してきた取組みのもう1つにパブリック・ベネフィット・コーポレーションという、法律に基づく制度があります。パブリック・ベネフィット・コーポレーションとは、民間認証のBコーポレーションとは異なり、2010年に始まった、米国の36州（ワシントンDCを含む）の法律で認められている株式会社の一種です。この法人格になると、会社は社会的使命を定款に明記することで、株主だけでなく、従業員や地域社会の利益のために意思決定を行う能力を株主訴訟などから守ることができます。一般的な株式会社の場合、特に株主価値の最大化を目指すところ、この法人格にすると各社の取締役会は、ビジネスに関係する利害関係者全てを考慮した経営判断を安心して行うことができるという目的で設けられました。上場後も、経営の意思決定を行う際に財務的利益と利害関係者への利益のバランスを取れることが利点であるとされています。この制度を活用している会社としては、例えば、キックスターター（クラウドファンディング業）があります。この法人格と同様の制度は、フランスなどにもあります。

(4) Bコーポレーション及びパブリック・ベネフィット・コーポレーションの両方を取得した事例

Bコーポレーションの認証取得し、かつパブリック・ベネフィット・コーポレーションも取得した会社で初めて上場した会社は、ローリエイト・エデュケーションというラテンアメリカを中心に教育機関のネットワークを提供している会社です。2020年まで同社のみでしたが[9]、最近では、バイタル・ファームズ、レモネード・インシュアランス、コーセラなどがBコーポレーションの認証取得し、かつパブリック・ベネフィット・コーポレーションとして上場しました[10]。レモネードは損害保険の主要なオペレーションに人工知能を導入することで、被保険者に対して安価で透明性のある保険を提供しています。従来型の損害保険ビジネスとは、契約者から集めた保険金をプールし、運用することで利益を生みます。レモネードは、被保険者に対してなるべく保険金請求に応じない方が会社にとっては良いという、保険の契約者と利益相反の関係になっている点を問題意識として持ち、同社は保険金で支給されなかったお金をチャリティ団体に寄付する仕組みを設けました。保険業界の伝統的な稼ぎ方に異論を唱え、新たな保険のあり方や考え方を世に広めることを会社の使命に掲げ、それを社会に伝えるためにBコーポレーションの認証を取得し、かつパブリック・ベネフィット・コーポレーションも取得したのです。

COFFEE BREAK

ロジックモデルの作成 経験談
——エール株式会社　取締役　篠田真貴子氏

当社エールは、インパクトファンドである「はたらくFUND」より投資を受けました。投資検討にあたり、IMMの一環でロジックモデルの作成を求められました。私たちには事業を通じて社会を善くするビジョンはあるものの、具体策の視野は自社中心に偏っていました。しかし、ロジックモデルを書くには、自社に関わる利害関係者それぞれからの視点を仔細にイメージすることが必要になります。利害関係者ごとに、どのようなステップを経て当社の提供するサービスや機会が価値となるのか、社内の意見を集約しながら具体的に考え、書いていきました。投資家からは「スーパー・ゴール達成には、他にどのような要素が必要か」「中期アウトカムの鍵は、誰の何が変化することなのか」「短期アウトカムの構成要素は何か」といった問いを投げかけられました。書いてみると、現在直接関わる利害関係者だけではなく、新たな利害関係者を中期的に巻き込む必要があることが明らかになっていきました。ロジックモデルの作成を通して、社会から見た長期視点での自社の価値を整理することができました。ロジックモデルの作成にかなり時間がかかりましたが、自社の視点からだけ考えるビジョンや社会に与えるインパクトより、はるかに骨太なものになりました。

ポイント

● インパクト投資家はインパクト・テーマを掲げ、そのテーマがどういう状態になったら理想的なのかを考える。その理想を実現する手段がインパクト投資であり、その道筋をセオリー・オブ・チェンジで検討する。

● 事業を「インパクトの5つの基本要素」を活用して多面的に分析しそれぞれ「IRIS+」等の指標カタログを参考にしながらインパクトKPIを設定する。投資家はインパクトKPIをモニタリングするとともにエンゲージメントを実施する。

● Bコーポレーション制度を活用しているところもある。

注

1 インパクト投資（株式）における「インパクト測定・マネジメント実践ガイドブック」（GSG国内諮問委員会、2021/7/1）https://impactinvestment.jp/news/research/20210701.html

2 Center for Theory of Change https://www.theoryofchange.org/what-is-theory-of-change/

3 一般財団法人社会変革推進財団及び新生企業投資株式会社の子会社である新生インパクト投資株式会社と共同運営するファンド。https://hatarakufund.com/

はたらくＦＵＮＤインパクトレポート2019 http://hatarakufund.com/wp-content/uploads/2021/01/Hataraku-FundImpact_Report_2019公開版.pdf
4　インパクト投資（株式）における「インパクト測定・マネジメント実践ガイドブック」（ＧＳＧ国内諮問委員会、2021/7/1）https://impactinvestment.jp/news/research/20210701.html
5　Impact Management Project "How do enterprises compare impact performance data?" https://impactmanagementproject.com/impact-management/how-enterprises-manage-impact/
6　Impact Investing White Paper (Kempen, 2019/9) https://www.kempen.com/-/media/Asset-Management/ESG/Whitepaper-impact-investing-ENG.pdf
7　インパクト投資（株式）における「インパクト測定・マネジメント実践ガイドブック」（ＧＳＧ国内諮問委員会、2021/7/1）https://impactinvestment.jp/news/research/20210701.html
8　同社ウェブサイト　https://bimpactassessment.net/
起業家のためのベネフィット法人とＢ Corpガイド（ＳＩＭＩグローバルリソースセンター）https://simi.or.jp/grc/an-entrepreneurs-guide-to-certified-b-corporations-and-benefit-corporations/
9　A stock market test for stakeholder capitalism as public benefit corporations go public (ImpactAlpha, 2021/6/21) https://impactalpha.com/a-stock-market-test-for-stakeholder-capitalism-as-public-benefit-corporations-go-public/

10 The B Corporation, Explained A model for socially responsible capitalism (Lemonade, 2020/9/30) https://www.lemonade.com/blog/the-b-corporation-explained/

第5章

どのような投資家がどのように課題解決に貢献しているのか

インパクト投資家と聞くと、国際開発金融機関といった公的な資金や超富裕層という印象を持っている方が多くいます。繰り返しになりますが、インパクト投資とは、「金銭的なリターンと並行して、ポジティブで測定可能な社会的・環境的インパクトを生み出すことを意図して行われる投資」です。金銭的なリターンと社会的リターンを並行して追求しますが、投資家の中には、金銭的なリターンをより重視する機関と、社会的リターンをより重視する機関があります。つまり、寄付と同じではなく、濃淡の差はあれど、金銭的リターンは必ず意識されているのです。金銭的なリターンをより重視する投資家は、市場リターンを求める投資家（risk-adjusted, market rate returns）と表現されることもあります。一方で、環境的・社会的インパクトの創出をより重視する投資家を、市場の標準水準以下のリターンを求める投資家（below-market returns）、触媒的な役割を果たす投資家（catalytic capital）、コンセッショナリー・キャピタルということもあります。ちなみに、金銭的リターンのみを追求する従来型の投資は、伝統的な投資家（コンベンショナル・キャピタル、conventional capital）と表現されることが多いです。これから解説していきます。

1　金銭的リターンをより重視する投資家

ＧＩＩＮによると、インパクト投資家は世界で１７５０機関ありますが、その中でも金銭的なリターンをより重視するファンドとして、プライベート・エクイティ、ベンチャー投資ファンド（ベンチャー・キャピタル）、保険会社や年金基金といったアセットオーナー、資産運用会社が挙げられています。プライベート・エクイティやベンチャー・キャピタルは非上場株に投資を行なっていますが、保険会社や年金基金といったアセットオーナーは、非上場株に加えて上場株、債券やリアルアセットを組み合わせてインパクト・ポートフォリオを構築し投資しています。資産運用会社の多くは上場株式を通じて投資を行なっています。本節では、それぞれの特徴及び代表的な投資家を紹介します。

(1)　プライベート・エクイティ（ＰＥ）

プライベート・エクイティによるインパクト投資への参入が増えています。２０１８年には、米国を代表するプライベート・エクイティ運用者ＫＫＲが１０００百万米ドルのファンドを組成したり、２０２０年にはシティバンクが２００百万米ドルのファンドを組成したニュースは業界を驚かせました。その他にもＴＰＧは２０００百万米ドルのインパクト・ファンドを組成するなど、巨大なプライベート・エクイティ運用者が続々と参入しています。このようなファンドに出資しているＬＰ[1]は、富裕層、年金基金、ファミリーオフィス等といわれています。投資対象はグローバルで、広範囲の社会課題に投資していることが特徴です。

プライベート・エクイティは、非上場企業に大型出資を行い、投資先の経営に参画しながら企業価値向上を支援します。プライベート・エクイティ運用者は、インパクト・ファンドでも、こういった既存の手法を当てはめているようです。ここで紹介する事例は、ベイン・キャピタルによるダブル・インパクト・ファンド、ＴＰＧによるライズ・ファンド、ブリッジズ・ファンド・マネジメントです。ダブル・インパクト・ファンドは、投資判断から売却判断の一連の投資プロセスで投資先がインパクト創出をし続けるための施策を徹底しています。ライズ・ファンドは、ＩＭＭの中でもインパクト測定を定量化させていることに特徴があります。一方、ブリッジズ・ファンド・マネジメントはインパクト投資専門機関で、インパクト投資業界のビッグネームが率いており業界のリーダー的な役割を果たしています。

また、紹介事例以外にも、インパクト・テーマを限定して投資しているファンドがあります。例えば、ブルーオーチャードファイナンス（在スイス）[2]というシュローダーグループに所属する、２５００百万米ドルを運用するファンドは、金融包摂をテーマとしています。２００１年よりインパクト投資に取り組んでおり、マイクロファイナンス機関への投資ファンドとしては世界最大です。

事例：ベイン・キャピタルによる、ダブル・インパクト・ファンド[3]（米国）

ベイン・キャピタルは、米国マサチューセッツ州に拠点を置く、世界を代表する資産運用者です。１３００億米ドルの総資産を有し、企業買収、買収後の企業改革、成長支援を得意としています。同社は、環境的、社会的課題の解決をする企業への投資が既存のプライベート・エクイティと同程度の金銭的リターンを得られるのかを検証するために２０１７年にインパクト・ファンドを組成しました。その後ファンドの規模を拡大し、今まで１１９０百万米ドルの資金調達に成功しています。インパクト・テーマとしては、「人々の健康と福祉」「教育と雇用」「環境・サステナビリティ」の3本柱を掲げています。同ファンドは、米国での知見を最大限に活用するため、北米に投資地域を限定しています。投資先は、ファミリービジネスなどの一族経営の事業、大企業から切り出された事業、既存事業の合併により設立された新しい事業が対象です。投資時に、投資先の経営の意思決定に影響を与えることのできる程度の議決権を取得するので、その議決権を最大限に活用しながら投資先を支援していきます。投資先がインパクト創出をし続けるよう、投資先の経営メンバーがインパクトKPIに連動した役員報酬を設計するよう促したり、IMMの進捗管理を支援したりします。持分の売却時には、持分売却契約の中に投資先がインパクトを重視するガバナンス体制を継続することを条件として盛り込みます。同社が投資した案件には、貧困層向けのオンライン教育を提供しているペン・フォスターなどがあります。

事例：TPGキャピタルによる、ライズ・ファンド[4]（米国）

米国のプライベート・エクイティであるTPGキャピタルは、2016年、アイルランド出身のミュージシャンのボノとカナダ出身の社会起業家ジェフ・スコールと共にライズ・ファンドという名前のインパクト・ファンドを設立しました。2017年10月、ライズ・ファンドは、20億米ドルの資金調達目標を達成し、世界最大級のPEインパクト・ファンドとなりました。同ファンドのLPには、富裕層、財団、グローバルな金融機関が含まれ、直近のファンドでは、ペイパル創設者などに加え、ワシントン州、ニュージャージー州、サンフランシスコ市の退職基金などが名を連ねています。2020年現在、40億米ドル以上のインパクト投資資産を運用しており、教育、金融包摂、ヘルスケア、クリーンエネルギーなどの分野で米国、東アジア、サハラ以南のアフリカを中心に世界各地に投資しています。ライズ・ファンドは厳密なインパクト測定及び定量化にこだわることで知られています。運用者は、インパクト・ファンド設立当初からインパクトを測定・定量化するための独自のツール開発に多額の投資を行ない、インパクト測定の支援を目的としたワイ・アナリティクスを設立しました。ここで開発したインパクト測定手法はインパクト・マルチプル・オブ・マネーと呼ばれ、事業がどの程度インパクトを生み出したのか定量的に計測するものです。ライズ・ファンドは投資判断の際、財務分析にインパクト・マルチプル・オブ・マネーを組み合わせており、有名な投資案件は、ドローンによる医薬品配送サービスを提供しているジップラインです。

事例：ブリッジズ・ファンド・マネジメント（英国）

ブリッジズ・ファンド・マネジメントは、GSGなどを率いるロナルド・コーエン卿など、インパクト投資のビッグネームらが2002年に創設した、インパクト投資に特化した英国最大のファンド運用会社です。これまで10億米ドル以上の調達に成功し、14のファンドを通じて160案件に投資を行なった実績があります。同社には、3種類のファンド（不動産ファンド、成長株ファンド、アウトカム・コントラクト）があります。不動産ファンドは、508百万英ポンドの資金調達を通じて50の物件に投資しました。二酸化炭素の排出量の削減、ビジネスや居住空間の活性化、コミュニティの再生につながる案件に投資をすることを方針としています。成長株ファンドは、321百万英ポンドの資金調達をし、41社に投資を実行してきました。同社によれば、過去2年間の投資先のEBITDAの年平均成長率は44％実現できているとしています。投資先は、気候変動、高齢化社会、健康状態の悪化などに対して規模を拡大することが可能なソリューションを提供し、5百万英ポンド～50百万英ポンドの売上のある会社を対象としています。さらに、投資基準に、同ファンドがエグジットしやすいよう、株主持分の変更（MBOなど）やM&Aを望んでいることが掲げられています。アウトカム・コントラクトは、ソーシャル・インパクト・ボンドなど、持続可能な成長と社会インパクトを生み出すプロジェクトに対して投資をします。52のプロジェクトに対して、68百万英ポンドの支払いが実現されたとしています。

同社はファンドの運用会社としてだけでなく、業界の発展促進に向けたリーダー的な役割を果たしており、その代表的な取組みとしてインパクト・マネジメント・プロジェクト（Impact Management Project、IMP）があげられます。2013年ごろ、IMMに関する議論をインパクト投資業界全体で練り上げていこうという動きと、各社ごとのフレームワークや測定ツールを商品化につなげ競争原理の中で最も適切なモデルを普及させていこうという動きが拮抗していました。ブリッジズ・ファンド・マネジメントは、前者のアプローチを支持し、業界からの賛同を得て2016年にIMPを設立しました。多くの関係者と議論を重ねて、合意することのできたIMMの規範、「インパクトの5つの基本要素」（詳細は第4章参照）を発表しました。[5] この規範は多くのインパクト投資家に活用されています。インパクトの5つの基本要素以外にもインパクト投資家の悩みに応えるべく、投資家向けの各種ガイドブックや調査研究が行われています。最近は、金銭的なリターン及び社会的リターンを統合した投資判断の方法を開発しそれらを投資家に提供する、「インパクト・フロンティアーズ」という取組みが業界では注目されています。

(2) ベンチャー・キャピタル

ベンチャー・キャピタルによるインパクト投資は、プライベート・エクイティに比べると資産規模は小さいですが、地域性、専門性を活かした多様な性質を持ちます。

プライベート・エクイティは資産規模が大きいこともあり、投資するテーマはかなり広い分野にわたりますが、ベンチャー・キャピタルの場合には多くても4～5つのテーマに絞るのが普通です。例えば、ウォーター・エクイティ[6]という、米国のインパクト・ベンチャー・キャピタル・ファンドは総運用資産182百万米ドルを水・衛生に特化して投資しています。日本では、新生企業投資が社会変革推進財団を共同運営者、みずほ銀行をアドバイザーとして、複数機関投資家による出資を得て、総運用資産36億円のファンドを運用していますが、同ファンドは、子育て、介護、新しい働き方をテーマとして掲げています。

ベンチャー・キャピタルの中には、独自のＩＭＭを導入しているところもあります。例えば、シリコンバレーに拠点をおく、オビエス・ベンチャーズは、スタートアップの掲げる社会的使命に着目して投資をしています。同社は、世界の人々が直面する最も困難な社会課題を解決するスタートアップに投資をすることを信条に、世界でポジティブなインパクトをもたらす革新的なソリューションを開発している起業家を支援しています。オビエス・ベンチャーズの興味深いところは、そのようなソリューションを投資先が提供するためには、適切な価値観（バリュー）及び企業文化が必要であると考え、投資先の価値観や企業文化を投資契約に書き込むことを投資先に求めることです。彼らはこれをワールド・ポジティブ・ターム・シートと呼んでいます。投資契約に書くことで何か法的な責任が投資先に発生するわけではありません。しかし、同社と投資先が議論しながら投資契約に書き込むことで、投資先の経営陣が戦略的な意思決定を行ううえでの重要な価値観を早期に共有することが重要であるとしています。[7] オビエス・ベンチャーズは投資先から収集したデータをもとにインパクト報告書も公表しています。総運用資産４６３百万米ドルのファンドで、ビヨンド・ミートなど7社のエグジット実績があります。

ファンドの運用期間を通常のベンチャー・キャピタルよりも長くし、より長期的な投資に集中できるようにしているところもあります。代表的な例は、アジア開発銀行の傘下にあるベンチャー投資部門、エー・ディー・ビー・ベンチャーズです。アジア圏を中心とした、シード期のスタートアップを対象に投資をしており、総運用資産は50百万ドルのファンドで運用期間は17年と、ベンチャー・キャピタル・ファンドの一般的な運用期間の10年より長いです。長期の運用期間を設定できた理由は、ファンドのLPがノルディック開発ファンドやオーストラリア政府といった、短期的なリターンを求めないペイシェント・キャピタル（寛容な資本）であると考えられます。投資対象は、クリーンテック、フィンテック、アグリテックとヘルステックです。

ここで、インパクト・ベンチャー・キャピタル・ファンドの事例として、設立されてから10年以上経過し、エグジット実績が10社以上ある、[8]ディー・ビー・エル・パートナーズを取り上げます。

事例：ディー・ビー・エル・パートナーズ（米国）

ディー・ビー・エル・パートナーズは、インパクト投資を専門とするベンチャー・キャピタルです。2004年にJPモルガンでナンシー・ファンド氏が組成した75百万米ドルのファンドが母体となっており、同ファンドは創業間もないテスラに投資したことでも知られています。その後、2008年にJPモルガンからスピンアウトし、直近では、2015年6月組成のファンドで400百万米ドル運用しています。ディー・ビー・エル（DBL）とは、ダブル・ボトム・ラインの頭文字を取っており、高水準の金銭的リターンを創出（1つ目のボトム・ライン）しながら、投資先が活動する地域の社会や環境に対してインパクトを創出すること（2つ目のボトム・ライン）を意味しています。先進国に本籍地をおき先進国に投資を実行する典型的な例で、主に米西部のクリーンエネルギー、ヘルスケア、持続可能な製品・サービス、情報技術に投資しています。エグジット事例には、ネックス・トラッカーがあります。同社は太陽電池トラッカーシステムを製造し、アジア、欧州、北南米の顧客にサービスを提供しており、ＤＢＬの投資から21カ月後に、フレクストロニクスに３３０百万米ドルで売却しました。

(3) 保険会社、年金基金等のアセットオーナー

保険会社や年金基金などのアセットオーナーは、プライベート・エクイティやベンチャー・キャピタルと異なり、その資産運用に満期という概念がないので、超長期の観点でインパクト投資を実行しています。アセットオーナーの多くは、様々な金融商品で構成されるインパクト・ポートフォリオを構築しています。プライベート・エクイティやベンチャー・キャピタルなどによるインパクト・ファンドに対して投資を実行することもあれば、自ら投資チームを抱え直接的に投資をしている場合もあります。アセットオーナーは他のプレーヤーと比べるとインパクト投資の歴史が長く、業界を牽引してきたともいえます。

例えば、ヌビーン[9]（米国）は、全米大学教職員保険年金基金の資産運用部門で運用資産残高1・1兆米ドルを超えます。30年以上インパクト投資に取り組んでおり、現在のインパク

ト投資に係る運用資産総額は５３７１百万ドルを超え、非上場株式、債券、不動産に投資を実行しています。ＳＤＧｓのうち、13の目標を掲げてインパクト投資を実行しています。

アクサ・インベストメント・マネージャーズ[10]（フランス）は、アクサ・グループにおける運用部門を担う企業で運用資産残高は７５９０億ユーロ（約１００兆円）です。１９９８年よりインパクト投資に取り組み、現在のインパクト投資運用資産は９００百万米ドルを超え、非上場及び上場株式、債券、プロジェクトファイナンスなどに投資をしています。投資テーマは、自然資本の保護、資源の効率化の推進、気候変動に対応したレジリエンスの構築、金融包摂の推進、ヘルスケアへのアクセスの向上、質の高い教育機会の提供です。

ここで、事例としてプルデンシャル・ファイナンシャルを取り上げます。

事例：プルデンシャル・ファイナンシャル

プルデンシャル・ファイナンシャルのインパクト投資の始まりは、１９７６年にまで遡ります。同社は、大恐慌時や第二次世界大戦後、農家や住宅所有者が差し押さえを受けないように支援し、成長の可能性を秘めた中小企業に必要なローンを意図的に有利な条件で提供することで、経済の回復を促進した歴史があります。そういった背景から同社には、「金融市場が善の力になり得る」という考えが強くあり、社会の変革を促しつつも、十分な投資利益を得られるような投資ビジネスを検討する部門をまず設立しました。インパクト投資を開始して以降20年間、20億米ドル以上の投資を実施してきています。インパクト投資戦略を始めた当初は、金銭的リターンの犠牲はやむを得ないと考えられていたようですが、その後の数十年間で、従来とは異なる機会にリスクマネーを提供し金銭的なリターンを生み出してきています。同社は、プライベート・デットやエクイティ、不動産エクイティやモーゲージ、資産担保証券、ニュージャージー州ニューアークの本社周辺地域に特化した実物資産など、様々な資産クラスに投資しています。2020年にはインパクト投資ポートフォリオの目標である10億米ドルを超え、金融包摂、手頃な価格の住宅、教育、質の高い雇用への取組みを目指す200件近い投資でポートフォリオを構成しています。手頃な価格の住宅の分野においては直接的な補助金に頼らずに手頃な価格を提供・維持するための革新的なアプローチを提供している先に投資をしています。さらに、2021年、プルデンシャルは独自のインパクト評価ツールを開発しました。このツールは、デューデリジェンスから投資中のインパクト測定、そしてエグジットまで一貫して実行するためのもので、投資プロセス全体にインパクトを統合することを目指したものになっています。

アセットオーナーによるインパクト投資は欧米が中心でしたが、最近は、アジアでも活発になってきています。例えば、第一生命は、２０１７年度に非上場企業等へのインパクト投資を開始しました。国内の大手生命保険株式会社が初めてインパクト投資市場に参入した例であり、幅広い資産を保有する機関投資家として、中長期的な視点での収益確保と、社会課題解決の両立を目指している例だといえます。シンガポールでは、政府系ファンド、テマセクがインパクト投資に参入しました。テマセクは、１９７４年に設立された、２１４０億米ドルの資産を運用するシンガポールの政府系ファンドですが、２０２１年3月、インパクト投資ファンドの老舗会社リープフロッグ・インベストメンツに対して５００百万米ドル出資しました。テマセクは、このマイノリティ出資を通じてリープフロッグに対してグロース・キャピタルの提供と、チーム拡大とアジア、アフリカに対する投資能力の強化をサポートするとされています。

(4) 資産運用会社（上場株）

上場株式投資を通じたインパクト投資が伸びていることを第2章で紹介しました。インパクト志向のある個人投資家、ファミリーオフィス、財団それぞれのインパクト・ポートフォリオの資産配分について調査した結果[11]によれば、インパクト・ポートフォリオのうち、個人は21%、ファミリーオフィスは19%、財団は37%の資産を上場株式に配分しているとの結果が出ています。上場株式は証券取引所に上場しているので、非上場株式に比べればアクセスが良く、流動性が高く種類が豊富なので、企業や産業、地域を分散させて投資ができたり、定期的な配当収入や値上がり益を期待することもできます。何よりも、非上場株式はプロの投資家にのみ門戸が開かれていますが、上場株式であれば個人でもインパクト投資をすることができます。

ここで、事例として世界最大の運用会社ブラックロックによるインパクト・ファンドを紹介します。

事例：ブラックロックによるグローバル・インパクト・ファンド

ブラックロックは、世界最大の資産運用者で運用資産は2021年3月時点で8・78兆ドルを超えています。2020年の春、上場株式を対象とするインパクト投資ファンド、ブラックロック・グローバル・インパクト・ファンドを機関投資家向けの商品として売り出し、その運用資産は54百万米ドルです。グローバル・インパクト・ファンドは、ベンチマークMSCI ACWIを上回る長期的なリターンの最大化を第1の目的に、世界の重要な環境的・社会的課題に取り組む製品やサービスを中核事業とする会社にアクティブ投資を行なっています。投資先の内訳を見てみると、健康が22%を占め、ついで金融包摂並びに持続可能な食及び水がそれぞれ16%となっています。グローバル・インパクト・ファンドは、3つの基準で投資先をスクリーニングします。1つ目は重要性（マテリアリティ）で、投資先の展開するビジネス分野や売上の過半以上がSDGsに掲げる課題の対象であることを求めます。2つ目は、追加性（アディショナリティ）で、投資先のサービス提供が特定の環境的・社会的課題に関する需要を満たすものであり、その需要は他の非営利団体や会社などによって満たすことが難しいことを見ます。3つ目は、測定可能性（メジャラビリティ）で、投資先がもたらす社会的インパクトを計測することができることを求めます。ファンドは、このユニバースの中からチームが長期的かつ金銭的に一般市場を上回るリターンが期待できると考える30~60社に投資をします。投資後のエンゲージメントも積極的です。詳しくは第3節で紹介します。

国内では、りそなアセットマネジメントが国内上場株式を投資対象としたインパクト投資ファンド「日本株式インパクト投資ファンド」を個人投資家向けの商品として2021年6月に組成しました[12]。国内の個人投資家向けのインパクト投資ファンドには国内外の株式や債券に投資するタイプが多い中で、日本株式インパクト投資ファンドは国内上場株式を対象としています。日本における社会的課題の解決にビジネスとして取り組み、持続的に企業価値を拡大させるとともに、インパクトの創出が期待できる銘柄を選定して投資を行っています。同ファンドは、「持続可能で住みよい日本社会」の実現をファンドのビジョンとして掲げており、例えば持続可能エネルギーの利用、教育の多様化・充実、ライフライン機能の維持改善といったインパクト・テーマを掲げています。このようなテーマに関連する企業の中から課題解決の潜在的可能性が高い銘柄を抽出した後、企業の取材を通じて課題解決に向けた意志の有無や、事業を通じたインパクト創出力の観点から投資候補銘柄が選定されます。さらに、持続的な企業価値の拡大とインパクト創出の実現可能性を精査し、魅力度の高い投資銘柄を選び、20~50銘柄のポートフォリオに組み入れられます。同ファンドは投資後も企業価値の拡大とインパクト創出の促進を目指して継続的に投資先と対話を実施します。

(5) 事業会社

インパクト投資市場全体の規模は7150億米ドルと推定されていますが、そのうち、事業会社によるインパクト投資は現在72億米ドル以上を占めています。この金額は2016年以降、成長率54%で増加しています。2020年だけでも、アマゾン、マイクロソフト、セールスフォース、ユニリーバなどがそれぞれ1億米ドルを超える投資を発表しています。インパクト・テーマは、55%が環境、次いで社会正義（35%)、人材開発・教育（23%)、健康（10%）となっています。事業会社がインパクト投資を実行する際に、コーポレートベンチャー・キャピタル（CVC）として自社で運用していることもあれば、他のベンチャー・キャピタルなどが運用するファンドに投資することもあります。

事例：セールスフォースによるインパクト投資ファンド

2017年に50百万米ドルの資金調達をして戦略投資を目的に創設されたファンドです。2020年には100百万米ドル調達しました。もともとセールスフォースは世界的に有名なCVCを設立し、グローバルで投資を実行してきました。同社のインパクト・ファンドのリーダーのクラウディン・エメオット氏は、「セールスフォースの根底に、『ビジネスは、環境的・社会的に良いことを実現する力になる』という思いがあることから、経営陣の思考の中で、こういった組織のDNAと投資に関するノウハウを融合させることが自然と起こり、インパクト・ファンドが生まれたのだと理解しています。」とコメントしています。[13] セールスフォースが提供するプラットフォームに親和性の高いサービスへの投資に積極的で、分野としては金融包摂などに注目しています。同ファンドは、①戦略的な投資が目的であること、②インパクトを追求すること、さらに③市場リターンを追求すること、の3つを同時に実現させることを重要視しています。エメオット氏は、「3つ全ての軸を最大化するのは難しいですが、3つの軸のバランスに投資チームが納得できるかどうかを大事にしています。もし1つでも懸念があれば投資はしません。」[14] と話しています。期待しているリターンは一般的なCVCと全く同水準であり、投資の意思決定機関である投資委員会も同じメンバーでインパクト投資を判断しています。IMMは、第4章で紹介したように、インパクトの5つの基本要素のフレームワーク及びGIINによる指標カタログIRIS＋を活用しています。新しくこの業界に参入しようとしている人たちに対して今までの知見を共有することにも積極的に取り組んでいます。

(6) アクセラレーター

最近になってスタートアップを支援し創業期に投資を行うアクセラレーターがSDGsやサステナビリティをテーマとしたプログラムをいくつも開発提供するようになりました。例えば、米国のスタートアップ支援プログラム、〝テックスターズ〟[15]です。テックスターズは、米国の大手ライドシェアのウーバーなどの名だたるスタートアップを輩出してきた実績を持ち、今まで2800社以上に対して103百万ドルの資金提供をし、120カ国で活動を展開してきています。テックスターズはプログラムの提供方法に特徴があり、ある特定のテーマを掲げて大企業やNPOとのパートナーシップを組みます。そのテーマは多岐にわたりますが、環境的・社会的課題関連では、ビル・ゲイツ財団とのプログラムでは「長寿」がテーマに、米国の地球環境団体ネイチャー・コンサーバンシーとのプログラムでは「サステナビリティ」、金融機関や大企業と提携して「サプライチェーンのサステナビリティ」や「ソーシャル・インパクト」、などがあります。2020年度、「ソーシャル・インパクト」をテーマとしたプログラムでは、10社が選出されました。

2　社会的リターンをより重視する投資家

これまでは、金銭的リターンをより重視する投資家について紹介してきました。社会的リターンをより重視する投資家を本節では見ていきます。社会的リターンをより重視するファンドとして有名なのは、ビル・アンド・メリンダ・ゲイツ財団、フォード財団、オミディア・ネットワーク、チャン・ザッカーバーグ・イニシアティブが挙げられます。オミディア・ネットワークは、イーベイの創業者であるオミディア氏が立ち上げたファンドで、チャン・ザッカーバーグ・イニシアティブはフェイスブックの創業者夫妻で創設されたもので、このように成功した経営者によるファンドが多く存在します。

(1)　社会的リターンをより重視する投資家の役割

社会的リターンに重きを置く投資家は、リターンを全く気にしないということではありません。リターンを金銭的リターンだけではなく、どれだけ人々の生活を改善させることができたかという社会性の観点から判断します。投資先の展開する事業領域の市場が成熟しておらず、金銭的リターンに重きを置くインパクト・ファンドがなかなかリスクマネーを提供できないところに、社会的リターンに重きを置くインパクト・ファンドがそのリスクをとって投資することに特徴があります。超長期的な観点で投資を実行することができるので、仮に未成熟な市場であっても、社会的意義の高い市場にいち早くリスクマネーを提供することができ、ソーシャル・イノベーションを後押しすることができるとされています。[16] いち早く彼らが参入することで、金銭的リターンをより求める、他の投資家が市場参入をしやすくなるといった、触媒的（Catalytic）な役割も果たしています。例えば、ブレイクスルー・エナジー・ベンチャーズ（ビル・ゲイツによるベンチャー・キャピタル）がその役割をクリーンエナジーの分野で果たしています。

(2) 社会的リターンをより重視する投資家の規模

調査結果によると、百万ドル以上の流動資産を保有している富裕層は、世界の金融資産の40%を占めており、30百万ドル以上の流動資産を保有している超富裕層は、14%を占めています。別の調査では、ファミリーオフィスを保有する家族は、2019年にはグローバルで7300あるとされており、これは2年で38%増加しています。ファミリーオフィスの多くは、最低でも100百万ドルの運用を行なっており、総資産運用金額は5・9兆ドルです。約25%のファミリーオフィスがインパクト投資を実施しているとされており、2019年にはファミリーオフィスの資産ポートフォリオのうち20%をインパクト投資に割り当てられていました。その割当比率は、2025年にはそれが35%になるとの予測もあります。GIINによる調査結果によれば、インパクト投資市場全体の中でファミリーオフィスによる投資は7・5%しか占めていないので、今後増えることが期待されています。

(3)　社会的リターンをより重視するファンドの重要性

金銭的リターンに重きを置くファンドの方が注目されがちなので、「金銭的リターンに重きを置くファンドこそ資本主義の原理にあっていて正しい」「社会的リターンに重きを置くファンドは寄付のようなものなので投資先の評価をいい加減にやっているに違いない」と考える方もいらっしゃるかもしれません。しかし、それは全くの誤解です。

インパクト投資市場が発展を続けているのは、リスク選好の異なる投資家がいるためです。社会性に重きを置くファンドがいるからこそ、金銭的リターンに重きを置くファンドが市場参入することができます。実際に、財団がいち早く投資していた案件に、シリコンバレーを代表するベンチャー・キャピタルが投資している事例もあります。発展途上国では、国際開発金融機関がその専門性を生かして投資した案件に年金基金などからの資産を預かるプライベート・エクイティやベンチャー・キャピタルがその後投資している事例もたくさんあります。社会性に重きを置くファンドは、資金の出し手から社会的リターンを出しているのかどうか説明を求められます。社会的リターンに重きを置くファンドの方が歴史が長いので、IMMはこういったファンドのノウハウやナレッジにより発展をしてきたといっても過言ではありません。

ここで、社会的リターンをより重視する投資家として有名なオミディア・ネットワークを紹介します。オミディア・ネットワークは、インパクト投資業界で知らない人はいないほど、業界を牽引してきた、リーダー的な存在です。

事例：オミディア・ネットワーク[17]

イー・ベイの創業者であるピエール・オミディアと妻のパムが、1998年のオンラインマーケットプレイス　イー・ベイの上場時に得たアセットを何か良いことに使おうと思い、非営利のファミリー財団を創設したところから始まりました。当初は様々な非営利法人に寄付をしましたが、計画性もないことに問題を持ち、企業やビジネスの力を借りて、社会に継続的な変化をもたらすことはできないかと考え、2004年にオミディア・ネットワークを設立しました。同社の特徴は、案件によって、助成と営利目的の投資の両方の手段を使い分けていることです。ファミリー財団の形態で全額非営利団体の助成をしていた方が税控除は大きいのですが、オミディア氏は「世界をより良くするために年間1億ドルを使おうかという話の中では、年に1百万米ドルから2百万米ドルのコストがかかるにしても、手持ちの手段の全てを使える自由を得られるのならば、それは安いように思えた」と考え、2つの手法を実現できる体制を整えました。助成側では、非営利団体に対して839百米ドル寄付をしてきており、投資側では、営利会社に対して735百万米ドル投資を実行してきています。シリコンバレーに本拠地があり、その他ムンバイ、ロンドン、ワシントンDCに拠点を持ち、4つの分野（資本主義の再構築、社会にメリットのあるテクノロジー、緊急性の高い課題の発見、人間のケイパビリティの拡張）に投資あるいは寄付を行なってきています。代表的な投資案件には、ディー・ライトがあります。世界の全家庭のうち25％では電灯が利用できず、灯油ランプも経済的な理由で使えていません。そうした人々に対して太陽光発電で明かりが点く小さな電灯を手頃な価格で製造販売している会社です。2004年からインパクト投資を実行してきたオミディア・ネットワークの知見はインパクト投資業界に広く共有されており、例えば、インパクト投資の案件分析や判断に活用できるフレームワーク[18]はとても有名です。同社からスピン・オフしたファンドがあり、例えば、教育格差を是正するスタートアップ及び非営利法人に出資をする、総運用資産200百万ドルのイマジナブル・フューチャーズ[19]（米国）がこれにあたります。

3　投資家による貢献

インパクト投資の基本的な考え方に、環境的・社会的課題を解決する、つまりインパクトを創出する意図を投資家が持つ、というものがありました。投資を通じたインパクトは2つの要素で成り立っています。

投資を通じたインパクト[20]
①投資先のアセットや事業そのものが生み出すインパクト
②投資先のインパクト創出を可能とする「投資家による貢献」

インパクトを創出している投資先にリスクマネーを提供することで、投資家は間接的にインパクトを創出していることになります（①）。投資後、さらにもう一歩踏み込んで取り組むことがインパクト投資家には求められており、「投資家による貢献」といわれています（②）。この点は、インパクト投資原則の原則3においても、「インパクトの実現に対するファンド・マネージャーの貢献を明確にすること」とされています。本節では、投資家による貢献にはどういうものがあるのか考えていきます。

インパクト投資から少し離れて、一般的な投資の場合において、投資家が投資後に何をしているのか復習しておきたいと思います。投資家は、投資後、投資先の自助努力に任せて、リターンを得ることを祈りつつ会社が成長するのをただ待っているだけではありません。プライベート・エクイティやベンチャー・キャピタルの場合を考えてみましょう。例えば、投資先の企業価値が向上するように、短中期の経営計画の策定、工場の生産性向上などの業務オペレーションの改善、資金調達の効率化、借入金のリファイナンスなどの財務の強化、社内組織の活性化、商品・サービスの開発強化、新規事業立ち上げ、取引先開拓、人材採用などの成長戦略支援などが行われます。これを「ハンズオン支援」といいます。こういった支援には投資家にコストがかかりますが、企業価値を高めた方が投資家は売却益を稼ぐことができるので、投資家のモチベーションに合致します。上場株式の場合にはどうでしょうか。個人投資家や機関投資家が資産運用会社などを通じて上場株式へ投資した場合には、多くの場合は資産運用会社が代表して投資先に対して「エンゲージメント」をします。エンゲージメントとは、「対話すること」「関わること」を意味する英語です。投資家はもっぱら質問をし、経営者は説明に専念するという一方通行に陥りがちといわれていますが、そうではありません。双方向で目的を共有し、相手の意見や立場を深いところで理解し、企業価値向上に資すると思われる点を率直に提言したり、またそれを柔軟に取り組んだりすることが望ましく、上場企業と投資家間で行われる、双方向のコミュニケーションを「エンゲージメント」といいます[21]。さらに、企業経営者が株主への説明責任を求められるように、資産運用者は年金などの資金拠出者であるアセットオーナーより説明責任が問われます。２０１４年に制定された「日本版スチュワードシップ・コード」にて資産運用者に対してこのような点に配慮した行動が求められています。

次にインパクト投資の場合を考えていきたいと思います。基本的な考え方は一般的な投資と同様ですが、インパクトの観点でもエンゲージメントすることを「インパクト・エンゲージメント」ということもあります。「インパクト・エンゲージメント」を「エンゲージメント」という言葉で表現することが多いのですが、本書では混乱を避けるため、あえてインパクト投資におけるエンゲージメント活動を「インパクト・エンゲージメント」と呼ぶことにします。なお、一般的な投資の場合には、エンゲージメントという言葉は上場株式投資を通じた対話を表し、非上場株式の場合には「ハンズオン支援」という言葉を使うことが多いですが、インパクト投資の世界では非上場株式の場合であっても、「エンゲージメント」という言葉を使うことが多いようです。インパクト・エンゲージメントは、一般的な投資の場合におけるエンゲージメントの手法や内容にインパクトの視点を追加することであり、環境的・社会的課題の解決の視点のみでエンゲージメントを実施するということではありません。

インパクト・エンゲージメントの目的

ポジティブ・インパクトを拡大し、ナガティブ・インパクトの削減を目指すこと。

インパクト・エンゲージメントは各社各様ですが、ＩＭＰの類型を紹介したいと思います。

インパクト・エンゲージメントの種類

①インパクトの重要性を発信する（Signal that Impact Matters）：インパクト投資することそのものを指します。投資家は特定の銘柄に投資しなかったり、優先的に投資することを選択したりすることができます。投資家の選択により、社会や地球に対してネガティブなインパクトを出している会社は資金調達がしづらくなったり株式が買われなくなったりするなど、投資先の創出しているインパクトの状況によって株式の需給を左右し、価格に影響を与えることになるという考え方に基づきます。

②積極的に対話をする（Engage Actively）：投資家が専門知識やネットワークを活用して、投資先の環境・社会的パフォーマンスを向上させることをいいます。投資先との対話から、投資家が役員に就任し、自社チームやコンサルタントを使ってハンズオンで経営支援を行うものまで、様々な手法があります。

③新しい分野や過去見過ごされた領域の市場育成を担う（Grow New or Undersupplied Capital Markets）：魅力的なインパクト及び金銭的リターンの見込める新しい分野やこれまで見過ごされていた機会に投資家が投資をすることをいいます。このような分野は、解決しようとしている課題が複雑であったり、流動性が低かったり、様々なリスク

が高かったりすることを投資家は考慮する必要があります。

④柔軟性の高い資金を提供（Provide Flexible Capital）：より低い金銭的リターンを許容し、これまで市場から疎外されていた人々のためにサービスを提供する会社に資金提供することです。新しい市場を創出することが考えられます。

この類型化のポイントは、投資家は投資戦略に基づき4つのタイプを組み合わせるということです（図表5－1）。例えば、投資家は分析や価格設定にインパクトを取り入れて資本市場全体に影響を与えたいとします（インパクト投資家であればどの投資家もあてはまります）。さらに競争力のある金銭的なリターンを創出しながら、投資先がインパクトを創出し改善することを積極的な対話を通じてやっていきたいと考える投資家がいる場合には、タイプ2ということになります。

なお、投資家はインパクト・エンゲージメントの実施を明確化するだけでなく、自身の貢献度を明確にし、文書化に努めること、貢献度に関する記述を証拠によって裏付けることも求められています。先ほど紹介したブラックロックもインパクト・レポートを公表しており、詳細が記載されています。

図表 5-1　エンゲージメント・タイプの決め方

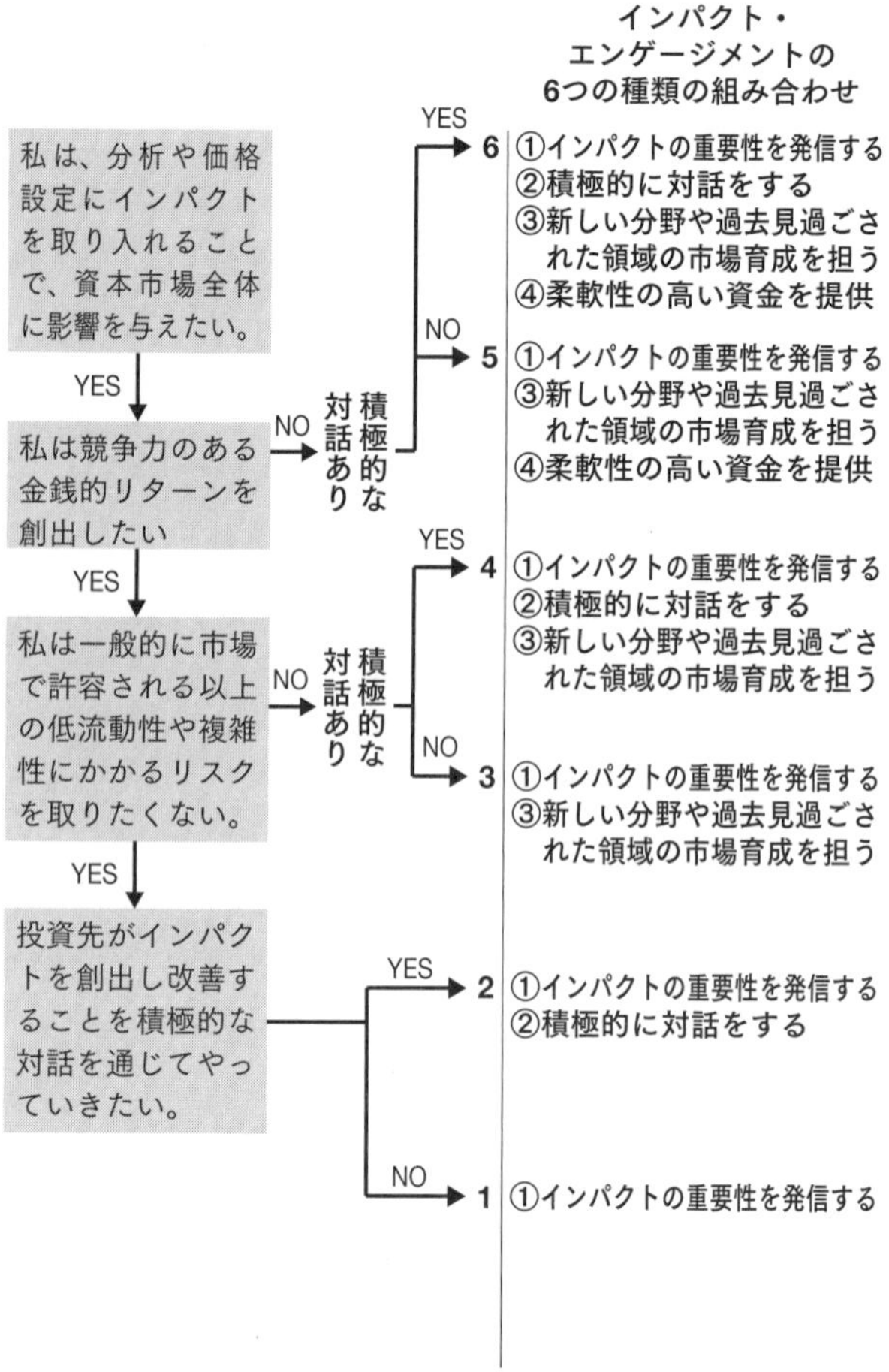
インパクト・
エンゲージメントの
6つの種類の組み合わせ
私は、分析や価格設定にインパクトを取り入れることで、資本市場全体に影響を与えたい。
YES
私は競争力のある金銭的リターンを創出したい
NO
積極的な対話あり
YES
6
①インパクトの重要性を発信する
②積極的に対話をする
③新しい分野や過去見過ごされた領域の市場育成を担う
④柔軟性の高い資金を提供
NO
5
①インパクトの重要性を発信する
③新しい分野や過去見過ごされた領域の市場育成を担う
④柔軟性の高い資金を提供
YES
私は一般的に市場で許容される以上の低流動性や複雑性にかかるリスクを取りたくない。
NO
積極的な対話あり
YES
4
①インパクトの重要性を発信する
②積極的に対話をする
③新しい分野や過去見過ごされた領域の市場育成を担う
NO
3
①インパクトの重要性を発信する
③新しい分野や過去見過ごされた領域の市場育成を担う
YES
投資先がインパクトを創出し改善することを積極的な対話を通じてやっていきたい。
YES
2
①インパクトの重要性を発信する
②積極的に対話をする
NO
1
①インパクトの重要性を発信する

［出所］ A Guide to Classifying the Impact of an Investment より筆者作成
https://29kjwb3armds2g3gi4lq2sx1-wpengine.netdna-ssl.com/wp-content/uploads/A-Guide-to-Classifying-the-Impact-of-an-Investment-3.pdf

COFFEE BREAK

エンゲージメントの実態
——ドミニ・インパクト・インベストメンツ　インパクト投資ストラテジスト　古谷晋氏

当社は、1997年に創設された、インパクト投資に特化した、米国の投資顧問会社です。現在、5本のインパクト・ESG上場株式ファンドを運用しており、運用総額は約3,000百万ドルです。ファンド運用にあたって、エンゲージメントはとても重要です。投資家のネットワークや知見を提供することで投資先のインパクト創出に貢献することができるからです。例えば、投資先にHIVの自己診断キットの開発・販売している会社がありました。HIVの蔓延は多くの国、特に後発開発途上国において問題になっているものの、当初は人々が気軽に本キットを使えるほど低価格ではありませんでした。また、経営陣は当初キットの販売に関しては米国内のみを視野に入れており、革新的なキットにもかかわらず、エイズが蔓延しているアフリカやアジア諸国には届きません。そこで、弊社は、当該会社が非営利組織と提携してはどうかと考えました。ヘルス分野に専門性を持つ国際支援組織と提携すれば、受注拡大により低価格な商品を実現できるうえ、低所得者層へのアクセスが確保できると考えました。その後、同社はゲイツ財団との4年間の契約を実現させることができ、本来届けたかった顧客層、そして50か国へのアクセスを実現することができました。これら諸国でアクセスが確保されることにより重要課題の1つである早期診断へつながります。当該企業も販売および提携組織拡大により、新たな感染症診断キット開発の糸口をつかむことにもつながります。本件以外にも、投資先の利害関係者との提携に関する提案を行ってきました。私はエンゲージメント実施にあたり、投資先が解決しようとしている課題の調査研究を積み重ね、どう解決していくと良いのかを投資先と一緒に議論することをとても大事にしています。

ポイント

●インパクト投資の伝統的なプレーヤーに加え、資産運用会社、プライベート・エクイティ、事業会社にアクセラレーターなど、多様なプレーヤーが参入している。

●インパクト投資家が資金を提供したり、投資をすることに加え、投資先によるインパクトの創出に貢献する必要があり、この考え方はインパクト投資ならではである。

●インパクト投資家は、課題解決に貢献するため、投資先と双方向の対話（インパクト・エンゲージメント）を行う。IMPによれば、インパクト・エンゲージメントには4種類の方法がある。

注

1　ファンドには、ゼネラル・パートナー（GP）とリミテッド・パートナー（LP）がいます。GPはファンドの運用者で、LPはそのファンドへの出資者を指します。ファンド設立後、GPは投資先を探し、投資を実行します。その対価としてファンドから管理報酬を受け取ると共に、キャピタルゲインが出た場合に成功報酬を受け取ります。一方で、LPは、投資の実行には直接関与せず、ファンドに運用益が出た場合に配当を得ます。

2　Blue Orchard Finance Disclosure Statement April,2020 https://www.blueorchard.com/wp-content/uploads/Operating-Principles-for-Impact-Management.pdf
3　ウェブサイト　https://www.baincapitaldoubleimpact.com/strategy-impact
インパクト・レポート　https://www.baincapitaldoubleimpact.com/sites/baincapitaldoubleimpact.com/files//reports/BCDI-YIR-2020/#p=1
インパクトPEファンド　ベイン・キャピタル・ダブル・インパクトの投資哲学と投資手法の解説！（ImpactShare、2021/9/2）
4　ウェブサイト　https://therisefund.com/
5　令和元年度社会性評価・認証制度に係る調査・実証事業　調査報告書（内閣府、日本ファンドレイジング協会、2020/3/24）https://jfra.jp/wp/wp-content/themes/jfra2015/pdf/sic_pdf/202002.pdf
6　WaterEquity Disclosure Statement Operating Principles for Impact Management April, 2021 https://waterequity.org/wp-content/uploads/2021/04/WaterEquity-Disclosure-Statement-2021.pdf
7　Introducing the World Positive Term Sheet（World Positive, 2017/1/12）https://worldpositive.com/the-world-positive-term-sheet-3aa5433ec5ef
8　DBL Partners Crunchbase https://www.crunchbase.com/organization/dbl-investors/recent_

investment
9　Nuveen Private Markets Impact Investing Annual Report 2020 https://www.nuveen.com/en-us/insights/responsible-investing/investing-in-resilience
10　AXA Investment Managers Impact Investing Private Markets 2020 Annual Review https://www.axa-im.com/responsible-investing/impact-investing/private-markets
11　How to maximize impact when investing in public equities (Pymwymic Field Building Centre, 2018/11) https://www.triodos-im.com/binaries/content/assets/tim/sri-theme-documents/how-to-maximise-impact-when-investing-in-public-equities-nov-2018.pdf
12　日本株式インパクト投資ファンド　投資信託説明書　https://www.resona-am.co.jp/fund/120021/pdf/k120021.pdf#page=3
13　500Startups主催ウェビナー「事業会社によるインパクト投資」概要　前編（ImpactShare, 2021/6/14）https://impactshare.substack.com/p/500startups-
14　500Startups主催ウェビナー「事業会社によるインパクト投資」概要　後編（ImpactShare, 2021/7/1）https://impactshare.substack.com/p/500startups-542
15　ソーシャル・インパクトを掲げるスタートアップたち【TechStars 選出（1/3）】（BRIDGE、8/27/2020）https://thebridge.jp/2020/08/cox-enterprises-social-impact-accelerator-powered-by-techstars-pickupnews

16 “Back to the Frontier: Investing that Puts Impact First By Michael Etzel, Matt Bannick, Mariah Collins, Jordana https://www.bridgespan.org/insights/library/impact-investing/investing-that-puts-impact-first
社会性をより重視する投資ファンドの実態（ImpactShare, 2021/5/27）https://impactshare.substack.com/p/ed2

17 同社ウェブサイト　https://omidyar.com/omidyar-networks-journey/
Omidyar Network CEO opens up about VC-influenced philanthropy（TechCrunch, 2019/10/28）https://techcrunch.com/2019/10/28/omidyar-network-ceo-opens-up-about-vc-influenced-philanthropy/
社会貢献の新しい仕組み　イーベイ会長が語る（ハーバード・ビジネス・レビュー、２０１２年11月号）https://www.dhbr.net/articles/-/18

18 Across the Returns Continuum（Stanford Social Innovation Review, ２０１７年冬号）https://ssir.org/articles/entry/across_the_returns_continuum#

19 同社ウェブサイト　https://www.imaginablefutures.com/

20 A Guide to Classifying the Impact of an Investment (Impact Management Project) https://29kjwb3armds2g3gi4lq2sx1-wpengine.netdna-ssl.com/wp-content/uploads/A-Guide-to-Classifying-the-Impact-of-an-Investment-3.pdf

21　「持続的成長への競争力とインセンティブ～企業と投資家の望ましい関係構築～」プロジェクト（伊藤レポート）（経済産業省、２０１４年）　https://www.meti.go.jp/policy/economy/keiei_innovation/kigyoukaikei/pdf/itoreport.pdf

第6章

どのようなインパクト企業があるのか

本章では、どのような企業がインパクト投資を受けているのか、事例を紹介します。ここで紹介する企業は、以下の基準で選びました。

- ＧＩＩＮの定義に沿ってインパクト投資を実施している投資家から出資を受けている
- インパクトをどの程度創出しているのか、企業あるいは投資家が公表している
- 創業3年以上経過している

世界中に非常に興味深い企業がたくさんあり、全てを紹介したいぐらいですが、紙幅の都合上、10社に限定しました。あくまでも本書の出版時においてというディスクレイマーをつけさせていただきます。なお、各社の公表資料をもとに、各社が解決しようとしている社会課題は何なのか、ビジネスモデルは何なのか、どのようなインパクト投資家から資金調達したのかといった観点で各社を紹介していきます。それでは、見ていきましょう。

1　環　境

(1) カーボンキュア・テクノロジーズ[1]（カナダ）：グリーンなコンクリート開発・製造会社
コンクリートが温室効果ガスを削減する

世界の年間温室効果ガス排出量をセクター別に見てみると、商業・サービス・事業所等のビルの運営関連が28％、ビル等の材料や建設に伴うものが11％とのことなので、合算すると建物関係で約40％を占めていることになります。温室効果ガスの排出は地球にとって良くないですが、だからといって建物を建てるのを止めたり、建物を活用することを止めてしまうことは当然のことながらできません。むしろ、2060年までに世界の建物数は倍増するといわれており、これは、毎月新しいニューヨークを建設するようなものです。建築物のカーボンフットプリント[2]を削減するためには、新しい建築物に含まれる「エンボディード・カーボン」を削減する必要があります。エンボディード・カーボンとは、建築材料や建築物の製造過程で排出される温室効果ガスのことで、今後30年間に新しい建築物から排出される温室効果ガスの約50％を占めます。さらに、どの建物でも、エンボディード・カーボンのフットプリントの50%以上はコンクリートが占めるといわれています。

カーボンキュア・テクノロジーズの創業者、ロバート・ニブン氏は、「コンクリートがエンボディード・カーボンの排出に寄与するのではなく、実際に建築環境から温室効果ガスを除去するのに役立てられないか」と考えました。ニブン氏は、カナダのマギル大学土木工学の修士課程でコンクリートの炭素化に関する研究をしていました。大学での研究が基盤となり、関連する技術を自ら開発しました。同氏は卒業後、カーボン・センス・ソリューションズという、同氏の専門分野に関連するコンサルティングを専門とする会社を創業しました。この会社で得た様々な知見を基盤にして、カーボンキュア・テクノロジーズを創業しました。カーボンキュア・テクノロジーズを創業してから、自社の商品が市場に適合しているのか検証するために、前社で築いたネットワークを最大限に活用し、業界と密に連携しながら取組みを進めることができたとしています。

カーボンキュア・テクノロジーズの技術

コンクリートの材料であるセメントの製造には、原料を焼く焼成という工程があります。その工程では、二酸化炭素が多く排出されます。同社はこの二酸化炭素を移送して、セメントや必要な材料の混合時に一定量の二酸化炭素を注入します。このプロセスを経ることにより、コンクリートの性能や圧縮強度を10％向上させることができるとされています。この強度を向上させることによって、コンクリートの圧縮強度を出すためのセメント含有量を低くすることができるので、カーボンフットプリントの削減が可能となります。同社はこの技術をスケールさせることに成功し、現在はグローバルで300のコンクリート工場で使われています。

同社は約1000万立方ヤードのカーボンキュア・コンクリートを供給してきました。焼成の過程で発生するはずであった分と強度圧縮したことにより必要なコンクリート量を減らすことができた分を合算して、過去、約13万3千トンもの二酸化炭素排出を防ぐことができたとしています。同社のウェブサイトでは、同社のコンクリートが活用されたプロジェクトごとの二酸化炭素排出の削減量が定量的に紹介されています。2030年までに建築環境における環境負荷物質を年間5億トン削減することを目標としており、これは、1億台の車をなくすことに値します。

資金調達

同社は、20社より12・4百万米ドルの資金調達を実現しています。インパクト投資関連では、ビル・ゲイツによるインパクト・ファンドであるブレイクスルー・エナジー・ベンチャーズが2018年にリード投資家として参画しています。2020年、アマゾンによる気候変動をテーマとしたインパクトCVCのアマゾン・クライメート・プレッジ・ファンドやマイクロソフトによるインパクトCVCのマイクロソフト・クライメート・イノベーション・ファンドが出資しました。

(2) ダーリング・イングリディエンツ[3]（米国）：バイオ栄養素からの持続可能天然栄養成分の開発と提供

解決している課題

ダーリング・イングリディエンツは、1882年創業の米国で最大のレンダリング事業（畜場の食用に用いられない屑肉などから粉末肥料、飼料、洗剤などの原料となる動物油脂等を精製する事業）の会社です。グローバルで17カ所に事業を展開し、従業員は1万人以上、2019年の売上は3364百万米ドルです。

世界中で天然資源への需要が高まっています。地球規模での人口増加に伴い食糧への需要が増える中、環境に大きな負担をかけずに増大する需要にどう答えるかが大きな課題になっています。同社は1882年創業以来、天然資源の寿命を伸ばすことをミッションに掲げています。

レンダリングには、主に畜産レンダリング[4]と油脂レンダリング[5]があり、同社はどちらも行っています。これらの原料から回収される成分はとても重要で、精製されるタンパク質やゼラチンは世界中の食品や薬品など、多様な製品に利用されています。例えば、血栓を防ぐヘパリンを作るには、良質な豚の粘膜が必要です。タンパク質を多く含む動物の副産物は、高品質のペットフードや商業用の有機肥料として使用されています。レストランから出る使用済食用油や食品店から出る賞味期限切れの肉類も同社が回収し、よりクリーンな燃焼をする再生可能ディーゼル燃料に変換されています。

同社は、再生可能なディーゼル燃料の生産と、その製造に必要な有機廃棄物の油脂の回収の両方を行っている世界最大の企業で、その事業により有機物が埋立地に送られるのを防いでいます。

しかし、廃棄物を再利用するだけでは、地球のサステナビリティを十分に保つことができ

〈ブラックロックによる、ダーリング・イングリディエンツのインパクト分析[6]〉

5つの基本要素	内容
WHAT	消費活動のサステナビリティを向上させる ● 今までなら廃棄物になっていたものを使用可能な特殊成分に変換する ● 再生可能なディーゼルを生産し、従来のディーゼルと比較してGHG排出量を86%削減することにより、埋立地に送られるゴミの量（トン数）を減らす
WHO	● 世界の動物の副産物の10%が埋立地から転用された ● 再生可能ディーゼルの運用により回避されたCO2は240万トンで、これは45万台の自動車が道路から取り除かれたことに相当する
HOW MUCH	● 2020年に1,100万トンの原材料を購入・加工 ● 2019年と比較して、購入・加工量が前年比2%
CONTRIBUTION	● 米国のマーケットリーダーであり、世界的に見ても最大規模の事業者 ● 同社の中核事業とジョイントベンチャーは、埋立地に流入したり有害物質を排出したりする廃棄物を大幅に削減 ● 同社は、その合弁事業により、成長が期待される未開発分野である再生可能ディーゼルの生産においてもリーダー的存在となっている。このディーゼルは、従来のディーゼルに比べてGHG排出量が86%少ない。
RISK	● ビジネスモデルには、再生可能ディーゼルを生産することにより、CO2が排出される。しかし、再生可能なディーゼルは、従来のディーゼルと比較して大きなメリットがあることを考慮して、（IMM実施者は）全体的には肯定的な見方をしている。 ● 環境への影響を最小限に抑えるための取組みを明確に表明しており、エネルギー使用量、水使用量、GHG排出量を削減するためのメカニズムを継続的に評価しているため。 ● （IMM実施者は）同社の排出量削減に向けた取組みを引き続きモニタリング予定。

ないため、同社のエンバイロフライトという事業開発ユニットは、ブラックソルジャーフライというハエを活用した代替タンパク質の生産を試みています。同ユニットは、食品製造業界の廃棄物を利用してクロオオアリを成長させるプロセスを開発しただけでなく、クロオオアリのタンパク質をスケーラブルな形で生産し、収穫する方法を発見しました。これは動物飼料がペットフードの未来を担うものとなっています。

株主とインパクト分析

同社はブルームバーグなどによる、サステナビリティ及び気候変動問題を解決しているトップ50社に選出されており、ブラックロックのグローバル・インパクト・ファンドが投資をしている先の1つです。ブラックロックのグローバル・インパクト・ファンドは、ダーリング・イングリディエンツのインパクト分析を公表していますので、ここで紹介しておきます。インパクト分析にあたっては、第4章で紹介したインパクトの5つの基本要素が活用されています。

(3) ウニノミクス[7]（ノルウェー、オランダ）：ウニの蓄養事業を通じた循環型ビジネス

ウニと海藻と環境問題の関係

ウニは豊かな風味を持ち、世界中で人気のある水産製品です。ウニの旨味はアミノ酸を豊富に含んだ海藻です。しかし、現在、海中ではとても深刻な環境の変化が起こっています。引き金となっているのは、捕食種の乱獲、異常気象、海洋汚染などで、人間のこのような行為がウニの繁殖に絶好の環境を作り上げてしまっています。ウニを捕獲する動物がいないので、ウニはあるだけの海藻を食べ、大量に繁殖してしまっています。本来、海の中にある海藻の森は、海に住む生物の成長の場所です。海藻の森がなくては魚が育たず、他の生物も育ちません。海藻がなくなることは、海洋生態系を破滅させてしまい、海の資源全体を失うことにつながります。海藻の森を食べ尽くすと、ウニはやせ細り、身が空のウニになります。ウニ漁師にとって空のウニは商用価値がないので、ウニ漁師は捕獲しません。カニや魚などの捕食種もウニが空だと分かると、ウニを食べなくなります。ウニが放置されるので、海藻・海草が死滅し石灰質の生物が磯の海底にはびこる現象、磯焼けが発生し、何十年から何世紀にもわたり続いてきた食物連鎖を崩壊させてしまいます。この問題の影響は磯焼けに留まりません。1ヘクタールの海藻の森は、漁業や生物多様性だけでなく、養分循環に重要な

役割を果たし、さらに二酸化炭素も吸収します。これらと観光やレクリエーションなども含めてエコシステムに与えるインパクトは、熱帯雨林の29倍、森林の50倍の価値があると試算されています。海藻の森が減ってしまうことはエコシステム全体に大きな影響を及ぼします。

この問題は年々深刻化しているものの、今に始まった問題ではありません。非営利団体や財団などの資金をもとにウニを取り除く作業はされてきました。しかし、資金力には限界があります。この問題を持続可能に解決すること、つまり、ビジネスとして成り立たせながら継続させることは、難しいと考えられていました。ウニノミクス創業者である武田ブライアン剛氏は過去の経験をもとにどのようなビジネスモデルであれば解決できるのか考えました。「食文化として寿司が世界中に普及したこともあって、ウニは海外の人に食べられるようになり、需要が爆発的に増えました。それ以来、ウニの価格は上昇しています。このコロナ禍においてもです。日本人の一般家庭では高価なウニを購入する余裕がなくなってしまっているので、ウニは香港、シンガポール、中国や欧米で食べられるようになりました。一方で、供給側の方ですが、ウニは希少価値が高いように思われがちなのですが、実は世界中の海中に大量に生息しています。商用価値のあるものが少ないだけです。巨大な需要があって、ウニの供給もありますが、そのウニは空ウニばかりなので、需要と供給のギャップが埋められていません。この大きなギャップを埋めるために、ウニノミクスは、技術的にウニの身入りをよくして商品価値を高められないか、ウニの捕獲量を増やすことで海中の森を生き返らせることができないか考えて、今のビジネスモデルにたどり着きました。」

ウニノミクスの取組み

ウニノミクスは沿岸を埋め尽くす空のウニを採取し、それを陸上の蓄養システムに移します。そこでウニに6～12週間、ウニノミクスが開発した特別な飼料を与えることで、海を荒らしていた空のウニは、商用価値のある水産品に生まれ変わります。後に商用価値があるものに変換されるので、漁師の協力を得て空のウニが捕獲されています。一度ウニが除去されると、海中に漂う海藻の胞子はすぐに海底に着生します。非営利団体ベイ・ファウンデーションがロサンゼルス近郊の海岸で行った実験によると、早くて3カ月ほどで海藻の森が蘇り、これでふたたび魚や甲殻類など、たくさんの生き物の格好の住みどころとなり、海に命が戻ります。さらに枯れた海藻は海の底に流れ落ち、炭素を長期に貯蔵します。試算によると、海藻のような大型藻類は、毎年6億3400万トンの二酸化炭素を吸収しているといいます。

ウニノミクスの特徴

ウニノミクスの特徴は3点あります。まず1つ目は同社が独自に開発した、ウニの配合飼料です。このもととなっているのは、ノルウェー国立食品・水産・養殖研究所にて25年間かけて開発された配合飼料の技術です。2015年にウニノミクスは、ノルウェー政府よりこの技術の権利を得ました。しかし、ウニノミクスは、この餌ではおいしいウニにはならないことに気づきました。「牛肉の場合には、食べた餌が筋肉となり、それを人間が食しているので、餌が牛肉の味に及ぼす影響は間接的です。一方で、ウニは食べた栄養をウニの可食部である卵巣に蓄えるので、味に直接影響します」と武田氏は話します。同社はノルウェーの技術をもとに、商用価値の高いウニになるための配合飼料を開発すべく、2016年、配合飼料を専門とする日本農産工業株式会社と専任開発・生産のパートナーとしての契約を結びました。飼料の成分を17回かけて調整した結果、食用昆布やわかめを中心とした配合飼料がおいしいウニを生み出すことが分かりました。さらに、この食用昆布やワカメは加工時に出る切れ端を使うことで足りることも分かり、食料廃棄物問題の解決にも役立ちます。この配合飼料には、海のエコシステムに影響を与えるような、魚肉や魚油、熱帯雨林の伐採につながる植物タンパクや油、さらに抗生剤やホルモンを使用していません。この配合飼料を使えば、空のウニを最短で5週間ほどで身の詰まったウニに育ててあげることができます。

ウニノミクスの2つ目の特徴は蓄養システムです。陸地で海洋環境を作るのは大変難しいとされていますが、世界各地の養殖システム製作業者とパートナーシップを組み、世界各地の様々なウニに適応できる蓄養システムを開発しました。3つ目はウニの生態系に関する深い知識です。ウニノミクスでは、15人のウニを専門家からの支援を得ています。

投資家

同社は、オランダの大手漁船船社・水産会社コーネリス・ブローリックから出資を受けて2016年に創業しました。最近では2021年3月、米国や香港のファミリーオフィスを母体としているインパクト投資家や石油元売り大手のエネオス・ホールディングスが100%出資するエネオス・イノベーション・パートナーズから4・85百万ユーロを調達しました。

2　教育

(1)　プレゼンス・ラーニング[8]（米国）：教育機関向けの臨床サービスを提供する遠隔医療ネットワーク

学習障がいのある生徒に関する社会課題

米国の連邦法である個別障がい者教育法において、米国における全ての公立学校では学習障がいのある生徒に言語療法等の支援を提供することが義務付けられています。米国の公立教育システムには、障がいがあり、公立学校で何らかの支援を受けている子供たちが700万人います。その支援には、言語療法、作業療法などのカウンセリングが含まれています。しかし、言語聴覚士や精神科医といった専門家の数は限られているため、十分な支援を提供できない公立学校が多くあります。これらは多くの農村地域や都市部で顕著です。そこでプレゼンス・ラーニングは、「公的教育システムにおいて、サポートを必要とする全ての生徒が、必要なサービスを受けられるようにする」ことをミッションに2009年に立ち上がりました。

同社は、約１５００人以上の臨床医のケアネットワークをもとに、遠隔療法を活用して生徒に対して言語聴覚士や心理教育のセラピーを提供しています。今まで３００万セッション以上のオンラインでの言語療法、作業療法、行動介入、メンタルヘルスサービス、診断サービスなどを幼稚園児から12年生までの幼児向けに提供してきました。

プレゼンス・ラーニングのサービス

サービス立ち上げ当初は、田舎にある学校で実証実験をしました。対面で行われる療法をオンラインで実施することに抵抗感のある学校が多く、特に都市部の場合には臨床医にとってアクセスが良いのでオンラインの必要性を感じてもらいにくい状況でした。一方で、農村地域であれば、専門人材を確保することは難しいですし、学校まで来てもらうのも大変です。都市部よりも農村地域の公立学校の方が生徒への必要な支援をオンラインにしたいと思ってもらえるはずだと同社は考え、実証実験した結果、成功しました。このような実験を重ねながら遠隔治療を効率的に行うため、各種ツールを組み込んだ独自のプラットフォームを開発しました。コロナ禍前の学校の教室で授業が行われている時は、特別な支援が必要な生徒をプレゼンス・ラーニングが認定したコーチが別の部屋に連れていき、プラットフォームを使ってプレゼンス・ラーニングのテレセラピーを受けていました。

しかし、コロナ危機を受けて全米で学校が閉鎖になり、リモートでの授業が当たり前となってしまい、以前のやり方ではできなくなってしまいました。そこで同社は2020年に、このプラットフォームを自立型製品として学校にライセンス供与する事業を始めました。各学区においてオンラインとのハイブリッドな学習環境や職場環境を管理し、臨床スタッフの所在地に関係なく、最適化できるシステムです。その結果、7433人の学校に所属する臨床医がコロナによる影響を最小限に抑え、通常の支援を継続できるようになりました。コロナ禍を受け全米で学校閉鎖となって以来、同社のプラットフォームでは200万回以上のセラピーセッションが提供されており、学校でも家庭でも生徒が継続的にサポートを受けられるようにしています。

海外進出しないのか、多くの問い合わせを受けているそうで、市場の大きさを感じさせます。しかし、同社が海外進出できない理由は、規制の問題です。各専門家は自分が住んでいる州で免許を取得し、さらに生徒が住んでいる地域でも免許を取得しなければなりません。米国だけを見ても、セラピストが自分の州だけでなく、他の州でもライセンスを取得できるようにするためには、膨大な手続きと調整が必要になります。さらに海外進出は難しいと考えているようです。

投資家

同社は、ベイン・キャピタル・ダブル・インパクト・ファンドの投資を受けています。ダブル・インパクト・ファンドの支援のもと、最近、臨床医のダイバーシティに取り組んでいます。生徒のうち20％は英語以外の言語を自宅で話しているものの、米国の92％の言語療法士は白人のためです。

(2) ルネッサンス・ラーニング[9]（米国）：数学、読解、読み書きの分野で、生徒個人に合わせた評価及び教育ツールを提供する教育テクノロジー会社

必要なスキルを身につけられない、教育の課題

米国では、3分の2の中学生及び小学生は、必要な読み書きと数学のスキルを身につけて卒業することができていません。これが高校中退の要因となり、また中等教育や高等教育に入る最低限の習熟度を達していないことにより、結果的に生涯収入の低下につながります。米国では、高校を卒業している人は、卒業していない人に比べて58％、収入が多くなること

が分かっています。

ルネッサンス・ラーニングのサービス

ルネッサンス・ラーニングは、1986年創業時、まずは生徒たちの読解能力を向上させようと、子供たちに読書の道標となるようなガイドブックを開発しました。次に、生徒たちの能力の伸長を図るためには、実態を把握するツールが必要であるとして、読解能力を評価するツール、「スター」の開発に着手しました。これは学校での指導内容の参考にもなるようなもので、今でも活用されています。さらに算数まで領域を拡大させていきました。このようにして徐々に領域を拡大させながら、同社はソフトウェアを進化させていきました。現在は、生徒の評価、指導計画、読解と算数の練習のための補足教材、習得度の測定ツールという、教師及び生徒向けのシームレスな教育プラットフォームを提供するようになりました。同社は、過去30年の間に、28億件以上のデータを蓄積し、これらのデータに基づき、生徒がどのようにスキルを身につけ、主要科目の習得を達成したかを分析することができます。同社の提供するソフトウェアは、こういった膨大なデータに基づき、3年生が受ける全米習熟度テストの点数結果を予測するだけでなく、発達性の学習障がいであるディスクレシ

図表6-1　ルネッサンス・ラーニング　イメージ

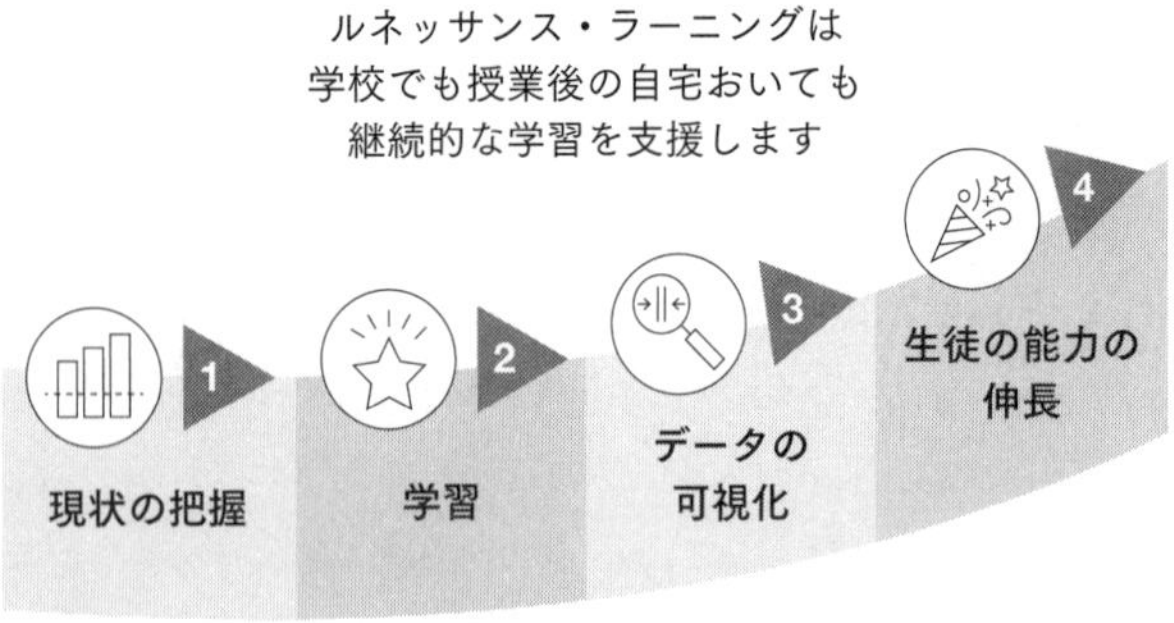

［出所］　同社資料　https://www.renaissance.com/

ア（読字障がい）などの症状を早期に発見したりすることもできます。米国の幼稚園から高校までの教育機関の約3分の1にサービスを提供しています。

同社のサービスは、幼稚園児から高校生までありとあらゆる能力レベルの、算数、読解、読み書きが対象です。授業以外の補完的な指導の必要性を判断するためには生徒一人ひとりの実態を正確に把握することと目標設定が重要です。必要なインプットがされると、習熟度が可視化されるようになっており、追加で必要な学習内容が明らかになります。教師は補習用ソフトウェアを通じて、適切な指導をしていきます。ルネッサンス・ラーニングでは、これらの評価・指導プラットフォームを他の関連ソフトウェアとも連携させており、複数のソースから得られる関連データを地区ごとに収集しています。教師は自分の生徒たちが所属する地区にあったデータを確認することができます。それらのデータをもとに、教師は最適な学習ゴールに向けた道筋を生徒ごとに設計します。

投資家

同社は、TPGによるライズ・ファンドの投資先で、ハンズオン支援を受けています。

教師は生徒の成績を把握しながら、生徒の習熟度に応じて様々な教育ソリューションを組み合わせて補完的指導を設計していく必要があります。補完的指導の提供ができるソフトウェアはいくつもありますが、細分化されているため、利便性が高くありません。そういった背景があって、ライズ・ファンドの支援のもと、ルネッサンス・ラーニングの経営陣は、教育関連ソフトウェア製品を開発する企業を買収しました。ルネッサンス・ラーニングが提供する数学と読解の補足的な教育を強化し、ルネッサンス・ラーニングの中核的な強みである生徒の評価と組み合わせ、垂直統合できるようになりました。教育機関に対して、学生の需要と成果をより明確かつ統合的に把握することができ、教育の解決に資するとされています。

(3) レイズ・ミー（米国）：高校時代の成績や活動に応じた大学マイクロ奨学金の提供

高等教育の授業料が高く、所得の少ない家庭の子供は進学を断念してしまう課題

米国の大学の授業料はとても高いことで有名です。年間授業料の調査結果[10]を見てみると、州立大学は９６８７米ドル、公立大学は２万１１８４米ドル、私立大学は３万５０８７米ドルです。高校生の83%が「大学進学の決め手は費用」と答えています。費用負担を少しでも軽減しようと、入学希望者には何十億ドルもの学資援助や奨学金が毎年支給されていますが、そういった制度を生徒が詳しく調べ始めるのは、受験を決意してからのことが多いので、所得の少ない家庭の子供は、高等教育には経済的に手が届かないと思い込み、大学進学の努力をしなかったり、諦めてしまったりすることもあります。この問題の解決をレイズ・ミーは試みています。

レイズ・ミーのサービス

レイズ・ミーは、高等教育への進学率を高めるためには、奨学金制度について知るタイミングが高校3年生の現状では遅すぎると考え、9年生（日本では中学3年生）から大学進学に向けた奨学金を支給する、「マイクロ・スカラシップ」のプラットフォームを提供してい

ます。マイクロ・スカラシップとは、学生の学校での成績状況に基づいて、学生が将来大学進学する際に活用できる、奨学金を少しずつ獲得できる制度のことをいいます。奨学金は、レイズ・ミーが提供するのではなく、レイズ・ミーと提携している大学によって授与されます。大学から奨学金を授与されるためには、全ての資格要件と期限を満たす必要があり、大学に合格してから奨学金が支給されます。

まず生徒はレイズ・ミーでアカウントを作成し、希望する大学をレイズ・ミーが提携している250の大学の中から選んでフォローし在学している高校など必要な情報を入力し、自分の成績を登録します。その成績状況に応じて、フォローしている大学からの奨学金を積み立てていくことができるようになっています。ある高校の英語の授業でAを取った場合、ある大学では500米ドル、別の大学では1000米ドル、別の大学で50米ドルといったように、大学が予め設定している金額を積み立てることができます。授業に留まらず、課外活動も対象です。課外活動とは、スポーツなどのことで、授業やボランティア、職場体験などではないものを指します。学校の前後にその活動に時間を費やし、スキルを学んだり練習したりした場合は、それを自身の成績に含めることができます。学校の授業中に行ったものの、成績を得ていない場合も、それを含めることができます。例えば、声楽を授業として受けていて、放課後に練習したり、学校で演奏したりしていたら、それも含めることができるようになっています。また、クラスの会計係、チームキャプテンなど、その活動でリーダーシップを発揮していた場合も記載できます。

大学側がレイズ・ミーと提携する理由は、優秀な大学入学希望者の数を増やしたいためです。米国では多くの場合、高校3年生の時に大学を調べ始め、大学側が学生に接触し始めるのもその頃です。大学はレイズ・ミーと提携することで、早期に生徒と関わりを持つことができますし、金銭的な援助の可能性を示すことで大学入学に対する生徒のモチベーションが高まります。また、実際に入学した後で、コミットメントが強くなることが期待されています。大学にメリットが十分あることから、レイズ・ミーは、大学から一定の料金をもらうビジネスモデルになっており、生徒からお金を取っていません。大学は、学生が獲得できる奨学金の上限を設定することができ、ある大学では5000米ドル、別の大学では5万米ドルといったように異なります。大学に入学すると、生徒の申請内容が正しかったのか、大学が確認します。全ての提携大学は、学生が提出したマイクロ・スカラシップの申請書と正式な申請書とを照合し、矛盾が見つかった場合は、その学生のマイクロ・スカラシップを支給しません。

レイズ・ミーのデータによると、マイクロ・スカラシップは学生の自信を高め、学業への意欲を高めることが分かっています。85％の学生が、マイクロ・メンバーシップが高校での学業に励むモチベーションになったと答え、また81％が高校での学業成績を向上させる動機になったと回答しています。これまでに180万人以上の高校生が、300以上の高等教育機関のパートナーから40億ドル以上のマイクロ奨学金を獲得しています。これらの学生は、レイズ・ミーを利用している約4万人の教育者と、拡大する保護者のネットワークによって支えられています。

投資家

レイズ・ミーは、ゲイツ財団とフェイスブックが支援する「College Knowledge Challenge」から多額の資金提供を受けており、インパクト・ファンドであるエス・ジェー・エフ・ベンチャーズやチャン・ザッカーバーグ・イニシアティブから資金調達をしています。

3 食・農業

(1) アピール・サイエンセズ[11]（米国）：野菜や果物を長持ちさせるために、天然素材由来のコーティングを開発・販売

食品生産及び流通に関する課題

食糧の生産にあたっては、たくさんの資源やエネルギーが必要です。米国では、電力の10％、土地の50％、淡水の80％が食糧生産に使われています。それにもかかわらず、毎日、大量の果物や野菜が、生産者から店舗、家庭に至るまで、あらゆる段階で無駄になっており、40％の食料は食べられずに捨てられています。その一方で、米国では、6人に1人が食べ物を手に入れるのに苦労しています。そして、たくさんの人が飢えています。食品廃棄物をわずか10％削減するだけで、何百万人もの人々に食料を提供することができます。食品廃棄物の問題は世界中に拡大しており、その市場規模は10億米ドルといわれています。これは大きな環境的・社会的課題です。

アピール・サイエンセズの技術

これまでは、農産物の腐敗を遅らせるためには、何世紀にもわたって使われてきたワックスコーティングという手法に頼らざるを得ませんでした。ワックスコーティングは、果物の呼吸を遅らせて長持ちさせますが、その呼吸を遅らせることにより果物をダメにしてしまうことが欠点で、程よい食べごろを維持することができません。アピール・サイエンセズは、これまで主に材料科学の分野で利用されてきた技術を応用し、ナノスケールで、目に見えず、安全で、食べられるバリアを開発しました。果物の自然な呼吸を遅らせることで、果物や野菜の腐敗を防ぐ技術です。アピール・サイエンセズは、特別な化学品を開発したわけではなく、人々がすでに食べている米食品医薬局に承認された食品の植物素材から全て生産しています。同社は、皮や果肉などの農業廃棄物を利用して、目に見えないバリアを作り、様々な果物や野菜の独自のニーズに合わせて調整することができるようになりました。同社によると、この技術を活用することで農作物が通常のワックスコーティングと比べて2倍長持ちするようになったとのことです。

ナノ粒子を利用して食品の腐敗を防ぐ方法は、利害関係者全体に影響を及ぼします。この技術は、生産者、流通業者、スーパーマーケット、消費者など、全ての関係者のコストを削減できます。消費者は野菜や果物が入手しやすくなるので、食生活と健康の向上にこの技術は貢献することになります。スーパーマーケットは、消費者がこういった商品を買うことで売上が増加します。生産者は、5ヘクタール以下の小規模農家が世界の果物供給の50％以上を生産していますが、十分な収入が得られていません。しかし、この技術により、これまで知られていなかったアジアの品種が米国のスーパーマーケットに並ぶなど、遠く離れた場所で果物や野菜の新しい市場を開拓することができますので、収入を増やすことができます。さらに、世界の飢餓問題の解決も可能です。食品を必要としている場所に輸送する能力が高まると、サプライチェーンが簡素化され、多くの場合、冷蔵保存の必要がなくなります。食材をより長く保存できるようになれば、廃棄物が減り、より多くの食べ物が食べられるようになります。

創業者でCEOのジェームズ・ロジャースは、カリフォルニア大学サンタバーバラ校の材料科学科出身で、技術的知識を活用して世界を変えたいという情熱をもって創業しました。カリフォルニアの農地を車で走っていたとき、自分の材料科学の専門知識がポジティブなインパクトを創出できるかもしれないとのインスピレーションを得たそうです。同氏は、「食糧を十分に育てていないから人々が飢えているというのは全くの誤解です。問題は、食糧の供給が断続的であることと、腐りやすい食糧を経済的価値のあるものに変換できていないからです」と述べており、同社は新しいコーティングを開発することによって食の根本を変えることを試みています。

投資家

同社の資金調達先を見てみると、大手のインパクト・ファンドばかりです。シリーズBでは、インパクト・ファンドのディー・ビー・エル・パートナーズ、エス・ジー・ツー・ベンチャーズに加え、米国の大手ベンチャー・キャピタル、アンドリーセン・ホロウィッツから投資を受けており、最近では、国際金融公社（IFC）、シンガポールの政府系ファンドテマセクなどからも投資を受け、合計390百万米ドルの調達に成功しています。同社は国際開発金融公社と提携し、サブサハラ・アフリカ、メキシコ、中南米、東南アジアでサプライチェーンの強化を目的とした小規模農家向けのプログラムを開始しました。2012年創業の同社に大きな注目が集まっています。

(2) ファーマーズ・ビジネス・ネットワーク[12]（米国）：農家に対して農業に特化したデータ収集及び分析プラットフォームを提供

中小規模農家の情報アクセスに関する課題

地球規模での人口増加により、栄養改善、持続可能な農業の促進、食糧安定供給は世界的な課題になっています。この大きな課題に対して、ファーマーズ・ビジネス・ネットワークが着目したのは、農家の役割でした。特に、米国では、独自経営をしている中小規模の農家が持続的な経営をしていくための、必要な情報を持ち合わせていない点に問題意識を持ちました。こうした農家の多くは、自分たちの収穫や土地については多くの知見を蓄積していますが、新しい種子がどのように機能するか、収穫量を向上させる方法が他にあるかなど、より良い経営判断を下すのに役立つ外部情報へのアクセスが容易ではありませんでした。そのため、自分の土壌でどの種子が一番良く育つのか、その種子に必要な肥料や化学薬品がどれくらいで、それらの価格相場はどれくらいなのかといった情報は、自らの知見に頼るしかありませんでした。結果として、豊富なデータを持っている大手の農家や企業と比べると、生産性を高められなかったり、価格交渉力が弱まったりしてしまいます。

ファーマーズ・ビジネス・ネットワークのサービス

グーグル出身のチャールズ・バロン氏と米国大手ベンチャー・キャピタル、クライナー・パーキンズの農業セクターに知見のあったキャピタリスト、アモール・デシュパンデ氏がこういった問題を解決するために、農家間でデータや知見の共有するコミュニティを構築することを考え、２０１４年にファーマーズ・ビジネス・ネットワークを立ち上げました。

ファーマーズ・ビジネス・ネットワークは「農業に関する情報を民主化する。農家が自分の利益のためにお互いに共有できるようにする」といったミッションのもと、農家がデータを管理し、種の選定や生産性の比較、長期間にわたる農場のパフォーマンスのベンチマークなど、農家同士の知見を得ることを目的とした、会員制の農業データプラットフォームとして開始しました。主に農機具から抽出したデータを収集し、農家が手動で記録したデータも活用しています。農家が参加しやすいよう、あらゆるデータを匿名化するという工夫もしました。現在は、2万５０００の農家（米国、カナダ、オーストラリア）の会員から成り立っています。会員には、２５００種類の種子の中から25種類以上の作物の性能データ、種子や肥料の収量効果から市場の動向など、データに裏付けられた報告書がスピーディに提供されます。無料会員もありますが、サブスクリプションモデルで会費は年間５００米ドルから

600米ドルです。こういった情報に農家がアクセスすることによって、迅速に意思決定を行うことができ、収益の向上に役立つとされています。

その他、農家が種子の購買にあたってより良い意思決定ができるよう、種子の性能結果や調査結果を提供する種子検索アプリを同社は開発しました。開発前は多くの場合はサプライヤーが地域をゾーンに分け、その区域ごとに異なる値段設定をしていました。例えば、同じ州の北部と南部で同じ資材に全く異なる価格設定がされていました。農業資材に関する価格をオンラインで確認することはできなかったので、価格が適正なのかどうか農家は判断することはできませんでした。農家に数千枚の種子ラベルの写真をアップロードしてもらい、同社は、正確な種子品種のデータベースを構築しました。

このようにして収集した種子やその他の肥料等の資材の購入に関するデータを利用することで、今まで農家にとっては全くのブラックボックスだった資材価格の透明性が確保されることになりました。同社は、この透明性ある価格を売りに農業資材を販売する、Eコマースのプラットフォーム、FBNダイレクトをローンチしました。メーカーからの直接仕入れに加え、様々なサプライヤーから1200種類以上の種子、農薬、肥料などの資材を仕入れ、種子、家畜飼料、動物用医薬品を最大50%オフといった低価格で提供しています。

創業者バロン氏は、「農業経済は、農家の需要を満たすためではなく、供給者の需要を満たすために成り立っていましたが、我々は、ネットワークを介した業界の集約とEコマースの規模のメリットを農家が得られるようにしています。農家の需要を最優先します」と話しています。最近は、GROネットワークという会社を設立し、特定の作物の二酸化炭素排出量をブッシェル単位で追跡してスコア化し、農家が二酸化炭素排出量の少ない作物をより多く作ることを可能にするサービスを立ち上げました。

投資家

同社は、創業当初からインパクト・ファンドであるディー・ビー・エル・ベンチャーズより3・3百万米ドル調達し、クライナー・パーキンスからも4・6百万米ドル調達しました。2020年4月、ブラックロックが主導するシリーズFで2億5000万ドルの資金を調達し、評価額は17億5000万ドルとされています。2017年「Fast Company」による最も革新的な企業の食部門2位に選出されています。

4　ヘルスケア

(1) ヴァートサリヤ・ヘルスケア・ソリューションズ[13]（インド）

インドにおける医療をめぐる課題

インドでは、国民の70％を占める農村部に住む人々が専門的な医療サービスになかなかアクセスできないことが問題になっています。農村部にある病院は、プライマリーケア（一次医療）を専門に提供していることが多いので、患者が専門的な診察を受けるためには都市部まで行かなければなりません。農村部の人々は、都市部の病院にたどり着くまでに長い移動時間がかかり、さらに移動費、宿泊費、滞在費がかかるため、治療が遅れてしまったり、受けられないこともあります。もちろん、専門的な医療を受けたい場合には、民間の医療機関を選択することもできます。インドは、世界でも医療機関の民営化が進んでいる国であり、民間医療の中には世界一流の医師の揃う最先端の医療機関もあります。しかし、多くの場合、高額な費用がかかるため、低中所得者層にはなかなか手が届きません。公的医療サービスには、所得に応じた補助金や最貧困層向けの無料サービスもありますが、待ち時間が長かったり、無料または手頃な価格の医薬品が不足していたり、施設の質が標準レベルより低いものとなっています。インドの医療費支出はGDPの3・6％に過ぎず、政府による医療費の慢性的な不足が明らかです。医療保険制度も脆弱です。政府や民間企業が健康保険を提供していますが、一般市民向けの健康保険制度は一般的に費用が高く、広く普及していません。さらに民間医療費のほぼ全ては患者の自己負担となるため、インドでは毎年2000万人の人々が医療費負担が原因で貧困ラインを下回っていると推定されています。医療従事者の不足も深刻です。農村部の病院で働く医師の半数以上が都市部志向のため農村部では人材を十分に確保することができていません。このような一連の背景から、インドの農村部では約6億人が基本的な医療を受けられていないとされています。

ヴァートサリヤのサービス

こうした問題を解決するためには、地域の医療サービスの質を向上させるとともに低価格で需要にあった医療機関が必要ということで、ヴァートサリヤ・ヘルスケア・ソリューションズが立ち上がりました。ヴァートサリヤ（サンスクリット語で「愛」を意味します）は、インドの農村部に住む、低・中所得者層に対し基本的かつ高品質な医療サービスを提供することを目的に2004年に設立された、営利の医療機関のネットワークです。

カルナタカ州とアンドラ州の小さな町での市場調査から始まり、現在、6つの病院（372病床）を運営しています。何よりも特徴的なのは、競合病院よりも20～30％安い価格設定を実現させたことにあります。実現にあたって様々な工夫がされています。例えば、それぞれの地域で最も需要の高い医療分野に特化させています。新しい場所に展開する前に、市場調査を行い、どのような医療従事者や専門分野が存在するかを確認し、患者の需要に合わせてサービスを調整します。具体的には、産婦人科、小児科、一般内科、一般外科、腎臓内科、糖尿病内科が多くを占めます。全ての患者の需要を満たすことはできませんが、地域住民の医療ニーズの60％から70％に対応するようにしています。また、どの病院にも薬局、新生児集中治療室、透析機能、X線、超音波、診断ラボ、一般外科、作業療法などの施設を画一的に備え、これらの運営に関するオペレーションを標準化させました。オペレーションの標準化には、支払いの透明性の確保も含まれています。医師への現金支払いは一切なく、紹介料も認められておらず、請求は全て病院の中央請求システムを通じて行われます。

さらに、医師に対して魅力的なポジションを提示できるようにもしています。インドの若手医師には珍しい主治医のポジションを提供することで、若手医師や研修医を惹きつけるようにしています。都市部で主治医の下で働いていた若い医師の多くは、高い職務グレードのヴァートサリヤのポジションに飛びつきます。このような医師の多くは、経験を積んだ後も同社に残る選択をすることが多く、ヴァートサリヤの医師の定着率は80～85％に達しています。医師の給与体系は歩合制となっており、能力主義を重視するとともに、労働生産性を高めることに役立っています。加えて、病院を新規に創設する際、既存の建物をリースすることで、新築に比べて資本支出を50～60％削減しています。2020年には年間7万2000人の患者を診察し、その半数以上は低所得者層でした。

ヴァートサリヤは、病院での医療サービスに加え、無料の出張健康チェック、学校や政府機関、村での健康教育の講演やセミナーの実施、地元の保育士と協力して若い母親に母子の健康について教育するなど、農村部の人々に一般的な健康意識を持たせるための様々なプログラムも実施しています。

資金調達

同社へは、新興国へのインパクト投資を専門とするバンブー・キャピタル・パートナーズが2009年に投資し、その後4回の投資を行っています。その他にもインドの老舗インパクト・ファンド、アービシュカール・ベンチャー・キャピタルも投資をしています。同社は2011年4月には、ハーバード・ビジネス誌にビジネス・ケース・スタディとして掲載されました。2012年3月、ヴァートサリヤの共同創業者兼CEOは、ジュネーブで開催された世界経済フォーラムの2012年ヤング・グローバル・リーダーズ（YGL）の一人に選ばれました。さらに2013年2月、ヴァートサリヤは「Fast Company」誌において、インドで最も革新的な企業トップ10にランクインしました。

(2) ペイシェンツ・ライク・ミー[14]（米国）：慢性疾患に苦しむ患者のコミュニティビジネス

慢性疾患に苦しむ患者の情報アクセスに関する課題

一人の患者と、一家族の人生を変えるような経験から始まりました。建築家スティーブン・ヘイウッドが1998年に29歳で筋萎縮性側索硬化症（ALS）と診断されたとき、彼の兄弟であるジェイミーとベンは、ステファンの病気の進行を遅らせるためにできる限りのことをしようと努力しました。ALSに関する内容や同じ疾患に悩む人の実体験を探しましたが、見つけることができませんでした。この兄弟は、ALSなどの慢性疾患に関する情報が患者本人やその家族に届かないことは大きな問題であると考えました。

ペイシェンツ・ライク・ミーのサービス

彼らは友人であるジェフ・コールと一緒に、患者、医師、組織が協力して病気に関する情報を共有できるオンライン・コミュニティを立ち上げました。まずはALSを対象としましたが、2011年からは、他の症状を持つ人も対象にしました。現在は、2900以上の症状を持つ83万人以上のメンバーがこのコミュニティを形成しています。コミュニティのメンバーは、医師や病院への訪問の間の状態や症状を記録したり、新しい治療法への反応を記録したりします。これらのデータは個人が特定されない形に加工され、プラットフォームに集約されていきます。メンバーは、サイトにアクセスすると、患者や症状を検索し、その疾患と診断されたメンバーの数、症状の重さ、好ましい治療法などの関連情報をグラフとテキストで見ることができます。

ペイシェンツ・ライク・ミーのモデルの効果について、2010年に専門誌（オープンアクセス医学ジャーナル）に研究結果が紹介されています。ALS、多発性硬化症、パーキンソン病、HIV、線維筋痛症、気分障がいなどの診断を受けた7000人のペイシェンツ・

ライク・ミーのメンバーに参加を呼びかけ、回答者の4分の3近くが、このコミュニティの最大の利点は、自分が経験したことのある症状について詳しく知ることができることだとしており、6割近くが自分の副作用をよりよく理解するために役立つと考えていました。また、3分の1の患者が、医療従事者との面会時にペイシェンツ・ライク・ミーのプロフィールのデータを利用したと回答しています。HIV患者の41%がリスクを伴う行動が減ったと回答し、気分障がいの患者の22%がサイトを利用した結果、入院治療の必要性が減ったと回答しました。また、コミュニティのアクセス・ログを分析したところ、オンラインフォーラムへの積極的な投稿など、サイトの機能をより多く利用した参加者ほど、より大きな効果を実感していることが分かりました。著者らは、メンバーのかなりの割合が、コミュニティへの参加による便益を享受していると結論づけました。

このコミュニティは、このようにソーシャル・ネットワークとして立ち上げられましたが、今では臨床医や研究者にとっての強力なデータツールになっており、このデータが収益の源泉になっています。少しデータは古いですが、2014年末には2700万以上のデータが記録されていました。米国を代表する薬局チェーン、ウォルグリーンズは、2015年、5000種類以上の薬について患者から報告された上位の副作用に関する情報とその重症度を示す情報をまとめ、ウォルグリーンズの顧客がアクセスできるようにしました。

それを可能としたのは、ペイシェンツ・ライク・ミーが定期的にメンバーに送付しているアンケートでした。同アンケートでは、吐き気や気分など、通常は健康記録に数値として記録されない副作用を数値化するようにメンバーに呼びかけて協力をしました。同社が開発した特別なアンケートツールは、患者が治療法をきちんと守れているかどうかを自身でモニターする機能を入れ込んでおり、患者がデータの入力に協力するような工夫がされています。同社はさらに自社が管理している何千もの掲示板からも情報収集して、患者が自分のケアを管理することが困難であることを示すフレーズを探し出すこともしています。このように同社は、コミュニティを通じて収集されたデータを用いて、患者の満たされていない需要を分析し研究開発機関に提供したり、臨床試験の支援サービスを医療機関に提供しています。特に、治験依頼者が適格要件を満たす患者を募集するための支援、治験デザインとサポートの設計の最適化支援などを行っています。

資金調達

同社は、2007年、インパクト・ファンドのオミディア・ネットワークから資金調達をしており、2019年、ヘルスケア製品と医療保険サービスを提供するアメリカの大企業ユナイテッド・ヘルス・グループに買収されました。現在は、同社の研究開発部門の一部となっています。

以上、10社を紹介しました。インパクト投資を受けている企業は国内外問わず世界中にあります。気になる方は是非、探してみてください。

注

1 https://www.carboncure.com/
Amazon invests in green startups to support development of sustainable technologies (9/28/2020, Amazon) https://www.aboutamazon.com/news/sustainability/amazon-invests-in-green-startups-to-support-development-of-sustainable-technologies
(日本語翻訳、参考https://news.mynavi.jp/article/svalley-851/)
Interview with Robert Niven of CarbonCure (Startup Kitchen, 2013) https://vimeo.com/64997829

2　商品・サービスのライフサイクルの各過程で排出された温室効果ガスの量を追跡した結果、得られた全体の量をCO_2量に換算したもの　https://www.env.go.jp/policy/hozen/green/g-law/jirei_db/haifusiryo/ha_r_H22kanto_tokyo_kogi1_61-80.pdf

3　同社ウェブサイト　https://www.darlingii.com/
Darling Ingredients Announced as One of the 50 Sustainability and Climate Leaders(Darling Ingredients Inc.,2021/4/15)https://www.prnewswire.com/news-releases/darling-ingredients-announced-as-one-of-the-50-sustainability-and-climate-leaders-301269975.html

4　牛・豚・鶏などの動物処理の際、食用とならない部位に適切な処置を行うことによって、畜産飼料や畑の肥料、バイオエネルギー、工業の原料にすること

5　廃棄油を化学的に処理し、石鹸や化粧品や畜産飼料や有機肥料の原材料を作ること

6　Global Impact Annual Report (BlackRock, 2021/5) https://www.blackrock.com/uk/intermediaries/literature/whitepaper/global-impact-annual-report-pc-en-emea.pdf

7　同社ウェブサイト　https://www.uninomics.co.jp/
武田ブライアン剛氏への取材（２０２１年8月）

8　Year in Review 2021 (Bain Capital Double Impact Fund, 2021/5) https://www.baincapitaldoubleimpact.com/sites/baincapitaldoubleimpact.com/files//reports/BCDI-YIR-2020/#p=1

Bridging Education Gaps through Teletherapy - Kate Eberle Walker, CEO of PresenceLearning (OSMOSIS, 2021/4/21)
9　同社ウェブサイト　https://www.renaissance.com/
TPG Rise Fund Impact Report https://therisefund.com/impact-report-highlights
10　See the Average College Tuition in 2020-2021 (US News, 2020/9/14) https://www.usnews.com/education/best-colleges/paying-for-college/articles/paying-for-college-infographic
11　同社ウェブサイト　https://www.apeel.com/
Apeel (a16z, 2016/12/13) https://a16z.com/2016/12/13/apeel/
Temasek backs produce-preserving foodtech startup's $30m round (Tech in Asia, 2020/10/27) https://www.techinasia.com/temasek-backs-producepreserving-foodtech-startups-30m
IFC Project Information & Data Portal Apeel (IFC) https://disclosures.ifc.org/project-detail/SII/44111/apeel-science
12　同社ウェブサイト　https://www.fbn.com/
Farmers Business Network Raises $110m Series D, IPO Likely in 2-5 Years (AFN′ 2017/11/30) https://agfundernews.com/farmers-business-network-raises-110m-series-d.html
BlackRock leads FBN's $250m Series F as ag marketplace puts focus on sustainability (AFN, 2020/8/3) https://agfundernews.com/blackrock-leads-fbns-250m-series-f.html

Farmers Business Network To Spin Out New Venture To Track Carbon Footprints Of Crops And Help Farmers Make More For Low-Carbon Ones (FORBES,2020/9/1) https://www.forbes.com/sites/amyfeldman/2020/09/01/farmers-business-network-to-spin-out-new-venture-to-track-carbon-footprints-of-crops/?sh=36b286a974b4

13 同社ウェブサイト https://vaatsalya.wixsite.com/vaatsalya

Weathering the crisis, building resilience IMPACT REPORT 2020 (Bamboo Capital Partners) https://bamboocp.com/wp-content/uploads/Bamboo-Impact-Report-2020-1.pdf

Vaatsalya(Innovations in Healthcare) https://www.innovationsinhealthcare.org/Vaatsalya%20profile%202013.pdf

OECD Health Data https://data.oecd.org/healthres/health-spending.htm

14 同社ウェブサイト https://www.patientslikeme.com/

PatientsLikeMe (Agency for Healthcare Research Quality)

PatientsLikeMe Adds Information about Patient Experiences with Medications to Walgreens Pharmacy Website (Walgreens, 2015/2/19) https://news.walgreens.com/press-center/news/patientslikeme-adds-information-about-patient-experiences-with-medications-to-walgreens-pharmacy-website.htm

第7章

インパクト企業にとっての企業成長の形とは？

本章ではインパクト企業経営者の目線に立って、インパクト企業の成長の形について考えます。

インパクト企業の経営者は、環境的・社会的課題解決に資するビジネスを立ち上げると、もっと多くの人々にそのサービスを届けたいと思うかもしれませんし、顧客が抱える他の環境的・社会的課題を解決する新しいサービスを生み出したいと考えるかもしれません。あるいは、インパクト企業が地元に根ざしている場合は特に、今のサービスを長期かつ安定的に提供していくことで超長期的な視点をもって経営していきたい、と考える経営者もいるかもしれません。このようにインパクト企業の成長の形は様々です。

実際に、ビジネスをもっと広く、大きく展開したいと考えるインパクト企業の中には、一般的なスタートアップと同様に、証券取引所に上場する企業が出てきています。一方で、ベンチャー・キャピタルからの資金調達を積極的には行わず、安定成長を理想としているインパクト企業もあり、現在そういった考えの経営者を積極的に後押しするような動きもあります。

1　インパクト企業の上場とユニコーン

(1)　インパクト企業の上場

ビジネスをもっと広く、もっと大きく事業展開したいと考える経営者が、大規模な資金調達をしたり、社会の信用を得て企業としての地位を高めたり、あるいは優秀な人材を獲得することなどを目的に証券取引所への上場を目指すことは自然な流れです。こういったインパクト企業の経営者が事業拡大を目指す場合に、これに応えるインパクト投資家も多くいます。その背景には、第3章で取り上げたようなテクノロジーの進化があります。今まで解決できなかった課題が解決できるようになり、再現可能性が高まった結果として、事業を拡大させることができるようになりました。

ここで、インパクト投資家から資金調達を行なったインパクト企業が上場[1]した海外の事例をいくつか紹介します。

●ビヨンド・ミート（ナスダック上場、上場時の時価総額約38億米ドル）[2]：植物肉を生産・販売している会社で、その商品は、食料品店、レストラン、ホテルや大学など11万

2000店舗で提供されています。畜産は温室効果ガス排出の14%を占めており、全産業の中で2番目に高く、世界の自動車や運輸から排出されている量を上回っているうえに、世界の産業用水の30%を使用しているという課題があります。ビヨンド・ミートは、エンドウ豆等を主原料とする植物肉によって動物肉を代替することによってインパクトの創出を試みています。シリコンバレーに拠点をおく、オビエス・ベンチャーズの投資先でした。

●コーセラ（ニューヨーク証券取引所上場、上場時の時価総額約43億米ドル）：世界レベルの高品質な学習内容へ誰でもどこからでもアクセスを提供することを使命として設立された会社です。200以上の大学や業界関係者と提携し、2021年3月末時点での登録者は82百万人に達しています。同社は、Bコーポレーションであるとともに、パブリック・ベネフィット・コーポレーションでもあります。世界銀行が投資していました。

●スプリングワークス・テラピュティクス（ナスダック上場、上場時の時価総額8億米ドル）：米国に拠点を置くバイオ医薬品企業です。重度の希少疾患や癌など、十分な治療を受けられない患者のための治療法の特定、開発、商業化に注力をしています。ベイン・キャピタル・ダブル・インパクト・ファンドの投資先でした。

(2)　インパクト企業と「インパクト・ユニコーン」

ユニコーンは、カウボーイ・ベンチャーズのエイリーン・リー氏が提唱した言葉で、評価額が10億ドル以上に達した非上場企業を指します。現在、世界に約７６０社程度あるといわれています。[3]最近、このユニコーンにインパクトを付け加えた、「インパクト・ユニコーン」という言葉が出てきました。高水準の金銭的なリターンに加え、高水準の社会的リターンも並行して実現する会社のことを指します。欧州大手のインパクト・ベンチャー・キャピタルでインパクト・ユニコーンの育成を使命として掲げているノレスケンは、その定義を10億人の命を救える企業としています。[4]十分なサービスを受けていない人々に製品やサービスを提供できれば、膨大な需要を開拓することができ、早く成長する機会を得ることができるためです。また、環境的・社会的課題の解決がビジネス・イノベーションの場であるともいわれています。現時点においてはまだ、インパクト・ユニコーンの数は少ないというのが実態です。

(3) 上場とミッション・ドリフトをめぐる議論[5]

上場には、企業の信用力が向上し、人材の獲得がしやすくなったり、事業パートナーを見つけやすくなったりするといった利点があります。しかし、証券取引所に上場すると株主を選ぶことはできなくなるので、多様な株主の要求への対応を懸念するインパクト企業の経営者もいます。株主によっては、長期的な視点も短期的な志向もあり、中にはインパクト企業のビジネスのノウハウやネットワークをもっと儲かる事業領域に活用することを提案する人がいるかもしれません。低所得者向けに展開していたサービスを富裕層向けのビジネスに転換した方が客単価の上昇が見込め、売上げアップにつながるので、そのようにするべきだ、といった主張です。このような提案を受けてインパクト企業が本来解決したかった環境的・社会的課題から遠ざかってしまうことを、ミッション・ドリフトといいます。

ミッション・ドリフト[6]

何らかの理由により、会社が本来掲げていた環境的・社会的課題解決に資する事業ではない事業に会社の資源を割り当てざるを得なくなり、企業の掲げる社会的使命から遠ざかってしまうこと。

ミッション・ドリフトは、インパクト投資家によるインパクト企業に対する懸念でもあります。例えば、外部環境の変化により、環境的・社会的課題を解決する事業を継続できないことになった場合、当該事業を取りやめて新たな事業を立ち上げる必要が出てきます。その際、適切なガバナンスが企業側で構築されていないと、ミッション・ドリフトを引き起こし、事業内容が環境的・社会的課題の解決と全く関係のない事業に代わってしまう可能性があります。インパクト投資家にとってこの事態は好ましくありません。

ミッション・ドリフトを防ぐためには、企業がインパクトの創出について情報発信を積極的に行い、株主と対話することが望ましいと考えられています。その際、事業内容がどのようにインパクトを生み出しているのか、ＩＭＭに関する情報が公表され、その情報について積極的に投資家と対話することが極めて重要です。

2　利害関係者に真摯に向き合うゼブラ企業

(1)　ゼブラ企業とは？

ゼブラ企業とは、ユニコーンを無条件に称賛する風潮に危機感を覚えた米カリフォルニア州の4人の女性起業家が2017年に提唱した概念です。スタートアップの多くは、ベンチャー・キャピタルから資金調達をすると、ベンチャー・キャピタルの持つネットワークや専門知識を最大限に活用しながら企業成長することを目指します。加えて、起業家やベンチャー・キャピタルの報酬が株式の価値に連動していることが多いので、会社の価値を最大化したいと考えます。ベンチャー・キャピタルは、保有する持分株式を高い金額で売却することができれば、大きな利益を得ることができます。投資先が早く成長することは、企業投資先、ベンチャー・キャピタル双方にとって望ましいはずです。しかし、それが行きすぎてしまい、現代社会に大きな歪みが生じているのではないか、という危機感を抱く人たちが出てきました。それが、ゼブラズ・ユナイトです。

ゼブラズ・ユナイトは、ユニコーンになることが起業家の目指すべき唯一の道であると賞賛する社会に対して危機感を覚え設立されたコミュニティで、現在は、８０００人以上のメンバーからなるグローバルなネットワークになりました。米国、英国、日本など世界で60の支部があります。米国本部では、経営支援に加え、投資事業も行なっており[7]、日本においても、日本支部の他に、ゼブラ型企業への投資及び経営支援を行う専門会社が最近立ち上がりました[8]。ゼブラズ・ユナイトは世界中の支部と共に、ゼブラ型のビジネスを成功させるためのより良い方法を明確にし、従来のスタートアップの文化から取り残されたコミュニティに役に立つような解決策を提供しようとしています。

(2)　ゼブラズ・ユナイトの問題意識

ゼブラズ・ユナイトは、ユニコーンは、市場の独占を目指して競争し、限られた個人、株主がその受益者になることを想定しているとしています。独占を目指す結果、社会に対しネガティブな影響が及ぶことを、ゼブラズ・ユナイトに出資をしているインパクト投資家、オミディア・ネットワークは、このように説明しています。「ユニコーンのほとんどは、デジタル技術を活用している企業です。そういった企業が提供するサービスによって生じるスクリーン中毒といった問題、人工知能のバイアス問題、サイバーセキュリティとプライバシー問題を見ていると、多様な利害関係者に関わってもらって盲点を明らかにする必要があります。２０１７年、米国のベンチャー・キャピタルから資金を調達した経営者の98％は白人男性が占めており、大規模なテック企業内のエンジニアリングチームも同質的なグループが圧倒的に支配しています」。さらに、英国のある調査[9]では、デジタル技術を設計・構築する人々の姿勢に対して「あなたは自分自身や社会や人々にとってマイナスとなるような決断をしたことがあるか」という質問に対して、技術者全体の28％、ＡＩ関連の技術者は59％が「ある」と回答していることが分かりました。デジタル技術を社会によって良いことに活用するためには、多様な視点での監視の目が必要ではないか、今のままではそれが実現できないのではないかという危機感があります。

(3)　ゼブラ企業の特徴

ユニコーンは空想上の生き物であり、一頭で生息するのに対し、ゼブラとはシマウマのことですから、実在していて、群れで暮らしています。ゼブラ企業の創業者たちは、ゼブラのように、利害関係者と協力関係を築きながら、多様性を認め、〝共生〟や〝繁栄〟していくことを目指します。ゼブラ企業の特徴は次のとおりです。

- 計画から実行までに時間のかかる農業や教育など、社会的意義は高いが市場の成熟や開拓が必要なビジネス
- マーケット需要が強烈で、狭い（数百億～数千億ドルの市場規模）（ゼブラの特定のニッチを埋めて繁栄するという特徴）
- 株主に加え、従業員や取引先、地域などの利害関係者を重視した経営（ゼブラの共生を重んじるという特徴）

(4)　ゼブラ企業とエグジット

ここで気になるのは、ゼブラ企業はどういった投資家から資金調達をし、投資家にどういったメリットを提供できるのかということです。一般的に、ベンチャー・キャピタルから投資を受けた企業は、他の企業へ事業売却をするか、上場するかの2つのエグジットに向けて動き出します。通常、ベンチャー・キャピタルは、投資をしてから3年から5年といった短期間に投資先がエグジットすることを求めるビジネスモデルになっています。そのため、それまでの間に投資先の企業価値が上がっていないと、ベンチャー・キャピタルは十分なリターンを確保できません。ゼブラ企業の場合には、ビジネスモデルの立ち上げに一般的な企業

よりも時間のかかる特徴がありますので、既存のベンチャー・キャピタルのモデルではうまくいきません。そこで、コミュニティへのエグジットという、新しいエグジットのあり方が米国を中心に試されています。立ち上げ期にベンチャー・キャピタルなどの通常の投資家から調達した後、コミュニティの構成員に株式を譲渡し、株主になってもらうというものです。

↘——棲み分けとはどういう意味ですか

田淵さん：ユニコーンとゼブラの違いの１つは、企業成長の時間軸の捉え方です。私たちは、一般的なVCファンドにあるような投資期間を設けないことで、より長期的な視点を持って企業成長を支えることが可能です。

高塚さん：時間軸の議論に加え、起業家が解決したい社会課題のマーケットがどれくらいの規模でどの程度シェアを狙うのかもポイントになります。

——最後にメッセージをお願いします

高塚さん：将来を見通しながら、どのような性質の資金が自社のビジネスを持続的に成長させていくために相応しいのか、投資家と共に考えていくことが重要です。

田淵さん：若い世代は利害関係者との関係を重視するゼブラ型経営に共感性が高いので、日本においても理解がより深まっていくものと考えています。

ここでいうコミュニティとは、投資先企業のサービスのユーザー、従業員、顧客、提携相手といった、企業が信頼する相手に限定した集まりで、利害関係者構成員が投資先を共同所有する形態になります。共同所有として、協同組合、信託、クリプトトークンなどの仕組みが考えられます。コミュニティ・エグジットの結果、コミュニティが企業全体を所有すること

COFFEE BREAK

対談！
日本におけるインパクト企業成長の形

国内でインパクト投資ファンドを運用する新生インパクト投資代表取締役の高塚清佳さんとゼブラ企業に出資している Zebras and Company 共同創業者 / 代表取締役の田淵良敬さんにお話をお聞きしました。

――どのような企業成長の形を投資先に求めていますか

高塚さん：インパクトを創出しながらリターンもしっかり出す中で、ファンド設立当初はリターンがVC目線に必ずしも届かない投資先もポートフォリオに入ってくるかもしれないとも考えていました。しかし、数多くの起業家さんに会い、成長ストーリーとインパクトを両立できる会社さんが十分にいらっしゃることを確信し、現在はIPOやM&Aという手段でエグジットすることを期待しています。

田淵さん：私たちはゼブラ企業に出資します。必ずしもエグジットを目指さないというわけではないですが、IPOやM&Aを前提とはしていません。ユニコーンかゼブラかの二項対立ではなく、棲み分けが必要と考えます。↗

もあれば、部分的に保有することもあります。

コミュニティへのエグジットを実践した事例としては、サービィ・コオプラティブという、ニューヨークにある協同組合があります。[10] この企業の創業者は、若年性突発性関節炎や脳腫瘍を取り除いた苦しい経験からコロンビア大学で医療に従事していました。薬品が作られる過程に身を置いて十分に多様性を持った患者の需要が汲み取られていないことや患者の持つ経験や情報も活用されていないことに問題意識を持ちました。そこで、製薬会社や医療機関がヒアリングサーベイを行うための患者とのマッチング機会を提供する、サービィ・コオプラティブを2016年に創業しました。同社はほとんど外部資金を入れていませんでしたが、ビジネスが拡大するにつれて資金調達の必要性が生じ、組合のオーナー（株主）を患者、従業員、創業者、株主の4つの区分に分けて、一部の株主ではなく利害関係者全員で経営に参画できる形にしました。その他にもソーシャル・メディアのマネジメントプラットフォームを提供するバッファー、オーガニック農産物を販売するオーガニカリー・グロウン・カンパニーなどが同様のエグジットをしています。

インパクト企業には、指数関数的な企業成長を追求していきたい企業もいれば、環境的・

社会的課題の解決を持続可能な範囲で長期安定成長を目指す企業もいます。ゼブラであれ、ユニコーンであれ、企業が解決している課題やその解決方法にあった企業成長の形を選択していく起業家やそれを支援していく投資家が増えていくと思います。

ポイント

- インパクト企業には、通常のスタートアップと同様に新規上場やM&Aをする企業もあれば、長期安定成長を重視し新規上場を目指さない企業がある。
- ミッション・ドリフトの予防には、IMMを通じた利害関係者との対話が重要である。
- 利害関係者と協力関係を築きながら長期安定成長を目指す企業をゼブラ企業という。

注

1　インパクト企業が上場することを、サステナブルIPOやインパクトIPOと報道されることがありますが、この用語は環境的・社会的課題に関連する分野でビジネスを展開している企業が上場したことを指していることも多く、明確な定義は存在していません。本書では、上場事例を「インパクト投資家から資金調達したことのある企業」としていますが、インパクト投資家が株主にいれば、IMMを実施している可能性が極めて高く、本来のインパクト投資の定義に則っていると考えたました。

2 Beyond Meat Just Had the Best IPO of 2019 as Value Soars to $3.8 Billion (Fortune, 2019/5/2)
https://fortune.com/2019/05/02/beyond-meat-ipo-stock-price/

3 The Complete List Of Unicorn Companies (CB Insights) https://www.cbinsights.com/research-unicorn-companies

4 欧州大手のインパクト志向ベンチャーキャピタル・ファンドの紹介〜Norrsken VC〜(ImpactShare, 2021/5/13) https://impactshare.substack.com/p/norrsken-vc

5 GSG国内諮問委員会 ソーシャル・エクイティファイナンス分科会 社会的インパクト時代の資本市場のあり方 (GSG国内諮問委員会、2019年5月) https://impactinvestment.jp/news/research/20190531.html

6 GSG国内諮問委員会 ソーシャル・エクイティファイナンス分科会 社会的インパクト時代の資本市場のあり方 (GSG国内諮問委員会、2019年5月) https://impactinvestment.jp/news/research/20190531.html

7 Zebras Unite Tokyo Chapter https://zebrasunite.coop/tokyo
8 Zebras and Company Inc. https://www.zebrasand.co.jp/
9 Five Years Fighting for Better Tech for Everyone (doteveryone, 2020/6) https://doteveryone.org.uk/wp-content/uploads/2020/06/Doteveryone_Five-years-fighting-for-better-tech-for-everyone_2.pdf
10 There's a growing movement where startup founders look to exit community (TechCrunch, 2020/8/31) https://techcrunch.com/2020/08/31/exit-to-community/
これからの企業のあり方—ゼブラ企業 Savvy Cooperation の例— (Tokyo Zebra Unite, 2020/5/6) https://note.com/tokyozebrasunite/n/ne4a3acc3cee

おわりに

インパクト投資の基礎を7つのテーマに分けて紹介してきました。この本を手に取ってくださった読者のみなさんが明日からの一歩を踏み出す後押しになることを祈っています。

最後に私のインパクト投資の関わりと問題意識をお伝えしたいと思います。私がインパクト投資に出会ったのは、海外留学中に経験したシンガポールでのインターンシップでした。インパクト・インベストメント・エクスチェンジという、アジアのインパクト企業とインパクト投資家の資金調達をマッチングさせる取組みでした。そこで初めて、社会や環境に対して良いことをしている企業なのに、適切な支援にありつけず、スケールに時間がかかったり、ビジネス展開がうまくいかなかったりすることがあるという課題を知りました。私はそこでの経験を糧に、インパクトを追求する企業や事業、プロジェクトに適切なヒト・モノ・カネが提供される、志が循環する社会の構築に貢献したいという思いで活動してきました。

2019年から、米国で暮らす中で気づいたことがありました。現地のインパクト投資のコミュニティへのアクセスなどを通じて現地ならではの情報や視点がたくさんありました。海外にいるからこそ日本に向けて価値のある情報を発信できるのではないかと考え、海外のイ